KB269190

老子를 만나라

老子를 만나라

초판 1쇄 발행 2025년 11월 24일

지은이   노자
옮긴이   김기수
펴낸이   이기봉
편집   좋은땅 편집팀
펴낸곳   도서출판 좋은땅
주소   서울특별시 마포구 양화로12길 26 지월드빌딩 (서교동 395-7)
전화   02)374-8616~7
팩스   02)374-8614
이메일   gworldbook@naver.com
홈페이지 www.g-world.co.kr

ISBN   979-11-388-4975-3 (03150)

뭔가를 하고 싶은가

老子를 만나라

노자 지음 김기수 옮김

道可道, 非常道. 名可名, 非常名.
無名天地之始, 有名萬物之母.

좋은땅

도덕경 속으로

吾十有五而志于學, 三十而立, 四十而不惑, 五十而知天命,
六十而耳順, 七十而從心所欲不踰矩.

나는 열다섯이 되어 배움에 뜻을 두었고 서른에 스스로 섰으며 마
흔에는 아무런 헷갈림이 없었다. 쉰이 되어서는 하늘의 뜻을 알았고
예순에는 귀가 순해졌으며 일흔에는 하고 싶은 대로 해도 그릇됨이
없었다.

논어 '爲政'에 나오는 공자의 말이다. 志學, 而立, 不惑, 知天命, 耳順,
從心은 여기에서 비롯되었다. 어느덧 耳順을 훌쩍 넘어섰다. 귀가 순
해진다는 耳順은 무슨 뜻일까? 어떤 이는 남의 말을 순순히 듣는 것이
라 말하고, 어떤 이는 한 번 들으면 모든 이치를 아는 것이라고 말한
다. 무엇이든 그것이 그리 중요한 것 같지는 않다. 내가 從心을 향해
한 걸음씩 다가가고 있다는 사실이 두려울 뿐이다. 슬프기도 하다. 내
몸이 늙어 가고 죽음이 점점 가까이 다가오기 때문만은 아니다. 가끔
거울 앞에 서면 나는 보이지 않고 내 모습을 한 누군가가 무표정한 얼
굴로 서 있다.

　1977년 어느 겨울날 우연히 노자를 만났다. 그때 그는 나를 보았는지 몰라도 나는 그를 보지 못했다. 하지만 우리는 분명히 만났다. 그는 어느 노목사의 입을 통해 공허한 메아리처럼 다가와 작은 소리로 말을 건넸다. 그러나 나는 아무런 말도 듣지 못했다. 아니, 아무것도 듣지 않으려고 했다. 그의 말이 옳든 그르든 도대체 무슨 의미가 있고 나와 무슨 상관이랴!

　나는 그를 무시하고 그의 소리가 들리지 않는 곳으로 발길을 돌렸다. 하지만 그는 그곳에서 입가에 웃음을 머금고 나를 기다리고 있었다. 또다시 그를 모르는 체하고 멀리 달아났지만 그가 없는 곳은 없었다. 그의 소리가 들리지 않는 곳도 없었다. 왠지 모를 두려움에 한동안 아무런 말도 할 수 없었다. 그저 눈을 감고 귀를 막고 끝없이 찾아드는 갈증에 마른침을 삼켰다.

　잊고자 했다. 그의 말, 그의 노래, 그의 웃음, 보이지 않는 그의 마음……. 그의 모든 것을 잊고자 했다. 그러나 그는 여전히 내 곁을 떠나지 않았다. 잊음은 내가 넘을 수 없는 눈 덮인 높고 험한 산과도 같은 것이었다. 어쩌면 죽음보다도 더 큰 짐이었다. 죽음은 스스로 선택할 수도 있으나 잊음은 마음대로 할 수 없기 때문이리라.

　세월이 흘렀다. 흘렀다. 많은 세월이 흘렀다. 어디선가 그가 나를 부르는 소리가 들려온다. 고개를 들고 주위를 두리번거린다. 그가 나와 아무 상관이 없다는 생각은 아직도 변함이 없으나 다가오는 것까지 막고 싶지는 않다. 뭔가를 말하면 그냥 들어 주고, 노래를 부르면

　　　　　　　　　　　老子를 만나라

작은 소리로 따라 부르고, 마주 앉아 잔을 주고받으며 함께 술을 마시고……, 그러다가 조용히 말을 건네고 싶다.

"너는 누구냐?"

나는 노자가 누구인지 모른다. 그의 철학이 무엇인지도 모른다. 언제 어디서 어떻게 살았는지, 이 땅에 왔던 사람인지 아닌지조차도 모른다. 그것은 중요한 문제가 아니다. 다만 부정할 수 없는 사실이 있을 뿐이다. 내 젊은 날 그가 내게 말없이 다가왔듯이 지금 내가 그를 향해 조용히 다가가고 있다. 그는 내 가슴 깊은 곳에 살아 있다.

옛날 아주 먼 옛날, 많은 사람이 노자를 만났다. 그들은 그가 남긴 책 한 권을 읽고 나름대로 그것을 풀어 썼다. 지금까지 널리 읽히는 것이 '王弼本'과 '河上公本'이다. 그 뒷사람들은 이것들을 읽고 또다시 풀어 썼다. 그의 뜻과 상관없이 문장뿐만 아니라 글자까지 하나씩 하나씩 분해하고 분석했다. 그런 뒤 거기에 자기의 생각을 집어넣어 높고 멀리 있는 것으로 만들어 버렸다. 그들은 도덕경을 어려운 그들만의 것으로 만들어 놓고 내려다보며 웃고 있다. 사람들은 그들을 쳐다보며 말한다.

"노자는 멀리 있고 도덕경은 어렵다."

나는 그렇게 생각하지 않는다. 쉬운 것은 아니지만 어려운 것도 아니다. 더 정확히 말해 도덕경에는 쉬운 것도 없고 어려운 것도 없다. 그저 느끼는 대로 받아들이면 된다. 덜지도 말고 더하지도 말고 있는 그대로 느끼면 그만이다. 어쩌면 그 속에는 아무것도 없다. 단지 읽는 사람의 느낌이 있을 뿐이다. 그것이 그의 뜻인지도 모른다.

　노자를 만났다. 내가 그를 찾았다. 이 땅을 떠나기 전에 꼭 한번 만나 봐야 한다는 생각이 들어 그를 찾아 온 곳을 헤매었다. 세상에는 곳곳에 너무나도 많은 노자가 있었다. 그들은 사람들의 머릿속에 자리를 잡고 앉아 서로 다른 말을 하며 자기의 말이 옳다고 우겼다. 어떤 노자는 수많은 사람 앞에서 제 자랑을 늘어놓으며 앞뒤가 맞지 않는 말들을 끝없이 이어 갔다. 나는 무슨 말을 하는지 가늠조차 할 수 없었으나 사람들은 아는지 모르는지 이따금 말없이 고개를 끄덕였다.

　도덕경 속으로 들어가려고 한다. 내 젊은 날 조용히 다가와 작은 소리로 말을 건네던 그 노자를 만나 많은 이야기를 듣고 싶다. 그가 눈물을 흘리면 같이 눈물을 흘리고, 웃음을 터트리면 같이 웃음을 터트리고, 누군가를 향해 분노를 쏟아 내면 같이 분노를 쏟아 내고……, 그러다가 함께 술잔을 기울이며 내 생각을 그에게 말하고 싶다. 만남이 끝나면 그가 한 말들을 책으로 엮어 아는 사람들에게 한 권씩 나누어 주고 싶다. 그렇게 하기 전에 몇 가지는 꼭 지켜야 한다고 다짐한다.

　첫째, 노자는 노자로. 도덕경은 다른 사람의 말을 빌려서 풀어서는 안 된다. 그가 남긴 책은 그것뿐이고 그의 생각도 모두 그 속에 담겨 있으므로 노자는 노자로 풀어야 한다. 자칫 잘못하면 그의 참뜻을 크게 그르칠 수 있다. 그러므로 나는 스스로 노자가 된 사람들의 말과 책에 얽매이지 않고 빈 마음으로 '통행본' 속의 노자를 만날 것이다.

　둘째, 내 생각은 말하지 않는다. 좋은 주석서는 주석이 적게 달려도 원문의 내용을 쉽게 이해할 수 있는 책이다. 물론 풀이하는 사람이 자

老子를 만나라

기의 생각을 제멋대로 집어넣지 않고 원문을 있는 그대로 풀어야 한다. 그다음의 일은 읽는 사람들의 몫이다. 따라서 나는 원문만 정성을 다해 풀이하고 스스로 노자가 되지는 않을 것이다.

셋째, 한자는 바르게 풀이한다. 도덕경에는 어려운 한자가 그리 많지 않다. 하지만 문장에 맞도록 풀려고 하면 풀이하기 어려운 글자가 아주 많다. 글자의 뜻을 바르게 풀지 않으면 문장도 바르게 풀 수 없다. 그러므로 나는 한자를 문장에 알맞게 풀이하여 뜻만 바로 알면 한문을 잘 모르는 사람도 쉽게 이해할 수 있도록 할 것이다.

그리고 노자의 삶과 도덕경의 여러 가지 판본에 대해서는 말하지 않으려고 한다. 이미 많은 사람이 밝힐 만큼 밝혔으므로 굳이 그것까지 설명할 필요가 없다는 생각이다. 그의 철학에 대해서도 말하지 않으련다. 뭐라고 명확하게 말할 수도 없지만 주제넘게 말해 봐야 미사여구를 늘어놓으며 책 속의 말들을 되풀이할 뿐이고 많은 사람이 그랬듯이 도리어 그의 뜻을 그르칠 수 있다.

비가 내린다. 그와 이런저런 이야기를 나누며 처음으로 돌아가고 싶다. 耳順을 지나 천천히 知天命으로, 知天命에서 하늘을 쳐다보며 不惑으로, 不惑에서 잠시 거울에 얼굴을 비춰 보고 而立으로, 而立에서 왔던 길을 되돌아보며 마침내 志學으로. 그곳에서 마음껏 뛰놀다가 아무것도 가진 것이 없던 갓난아이 때로 돌아가고 싶다.

K, 그 땅에도 지금 가을을 재촉하는 비가 내리고 멀리서 울린 천둥 소리가 귓가를 스쳐 가는가?

차 례

第一章

말로 할 수 있는 도는 참 도가 아니고
부를 수 있는 이름은 참 이름이 아니다.
이름 없는 무에서 천지는 시작되었고
이름 가진 유에서 만물은 비롯되었다.
그러므로 무는 언제나 한이 없고
유는 언제나 한이 있음을 알 수 있다.
이 둘은 같은 것으로 하나이지만
드러남으로 하여 이름을 달리하고
함께 이르기를 신비롭다고 한다.
신비롭고도 신비롭게 하는구나
온갖 것들이 끊임없이 드나드는 곳이여!

道可道, 非常道. 名可名, 非常名. 無名天地之始, 有名萬
物之母. 故常無欲以觀其妙, 常有欲以觀其徼. 此兩者同,
出而異名, 同謂之玄. 玄之又玄, 衆妙之門.

老子를 만나라

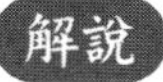

道可道, 非常道.
名可名, 非常名.

말로 할 수 있는 도는 참 도가 아니고
부를 수 있는 이름은 참 이름이 아니다.

‘道可道’에서 첫 번째 ‘道’는 노자가 생각해 낸 道로 명사이고, ‘可’는 ‘~할 수 있다’로 조동사이며, 두 번째 ‘道’는 ‘말하다’로 동사이다. ‘非常道’에서 ‘非’는 ‘아니다’이고, ‘常道’는 ‘常’이 ‘영원하다, 일정하다’이니 참된 道이다. 그러므로 ‘道可道, 非常道’는 말로 나타낼 수 있는 道는 참된 道가 아니라는 뜻이다.

노자의 道는 사람이 ‘이것이다, 저것이다’라고 단정적으로 말할 수 있는 것이 아니다. 그 어떤 말로도 명확하게 설명할 수 없다. 그래서 그는 25장에서 ‘不知其名, 字之曰道, 强爲之名曰大’라고 했다. 이름을 알 수 없으나 글자로 쓰면 道이고 억지로 이름을 붙이면 大라는 뜻이다.

‘名可名’에서 첫 번째 ‘名’은 ‘이름’으로 명사이고, 두 번째 ‘名’은 ‘이름하다’로 동사이다. 따라서 ‘名可名, 非常名’은 이름을 지어 부를 수 있는 이름은 참된 이름이 아니라는 뜻이다.

사람이 이름을 붙인 것 중에서 영원한 것은 없다. 만물은 시간의 흐

름에 따라 모양과 성질이 끊임없이 변하고 그때마다 이름을 달리한다.

無名天地之始, 有名萬物之母.

이름 없는 무에서 천지는 시작되었고
이름 가진 유에서 만물은 비롯되었다.

'無名天地之始'는 無名이 천지의 시작이라는 말이고, '有名萬物之母'
는 有名이 만물의 어머니라는 말이다. 여기서 '無名'은 이름이 없는 것
으로 無이고, '有名'은 이름을 가진 것으로 有이다. 그러므로 천지는 無
에서 시작되었고, 만물은 有에서 비롯되었다는 뜻이다.

32장에 '始制有名'이라는 말이 나온다. 처음 생겨난 것은 이름을 얻
는다는 뜻이다. 천지는 無에서 처음으로 생겨 나와 맨 먼저 이름을 얻
었다. 그러므로 천지는 有名으로 有이고, 만물을 생겨나게 했으니 만
물의 어머니인 것이다.

故常無欲以觀其妙, 常有欲以觀其徼.

그러므로 무는 언제나 한이 없고
유는 언제나 한이 있음을 알 수 있다.

　　　　　　　　　　　　　　　　老子를 만나라

‘常無欲以觀其妙’는 ‘常’이 ‘항상’이고 ‘觀’은 ‘보다’이니 언제나 ‘無欲’에서 ‘妙’를 볼 수 있다는 말이고, ‘常有欲以觀其徼’는 언제나 ‘有欲’에서 ‘徼’를 볼 수 있다는 말이다. 여기서 ‘無欲’은 ‘欲’이 ‘하고자 하다’이니 道가 아무것도 하지 않는 상태로 無의 모습이고, ‘有欲’은 道가 뭔가를 하는 상태로 有의 모습이다. ‘妙’와 ‘徼’는 無와 有처럼 상대적인 개념이다. ‘妙’는 ‘묘하다’로 더없이 뛰어나다는 뜻이니 한계가 없는 것이고, ‘徼’는 ‘변방’으로 가장자리를 뜻하니 한계가 있는 것이다. 그러므로 천지를 생겨나게 한 無는 언제나 하려는 것이 없으나 하지 못하는 것이 없고, 만물을 생겨나게 한 有는 언제나 하려는 것이 있으나 하지 못하는 것이 있다는 뜻이다.

此兩者同, 出而異名, 同謂之玄.

이 둘은 같은 것으로 하나이지만
드러남으로 하여 이름을 달리하고
함께 이르기를 신비롭다고 한다.

‘此兩者同’에서 ‘此兩者’는 ‘無欲’과 ‘有欲’을 가리키고, ‘同’은 ‘한가지, 같다’이다. 따라서 ‘無欲’이 無의 모습이고 ‘有欲’이 有의 모습이니 無와 有는 같은 것으로 하나라는 뜻이다. ‘出而異名’에서 ‘出’은 ‘나타나다’이고, ‘異’는 ‘달리하다’이다. 그러므로 ‘此兩者同, 出而異名’은 無와 有는 하나이지만 無가 모습을 드러내면 이름이 달라져 有가 된다는 뜻이다. ‘同謂之玄’에서 ‘同謂’는 ‘同’이 ‘함께’이고 ‘謂’는 ‘이르다’이니 함께 이름하여 부른다는 뜻이고, ‘之’는 ‘無欲’과 ‘有欲’을 가리키며, ‘玄’은 ‘오묘하다, 신묘하다’이니 신비롭다는 뜻이다.

　無와 有는 하나이다. 모습이 나타나면 有이고, 나타나지 않으면 無이다. 無가 모습을 드러내면 有이고, 有가 모습을 감추면 無이다. 그러므로 無와 有는 같은 것으로 하나이지만 이름을 달리하는 것이다. 노자는 이러한 無와 有의 모습을 신비롭다고 했다.

玄之又玄, 衆妙之門.

신비롭고도 신비롭게 하는구나
온갖 것들이 끊임없이 드나드는 곳이여!

　위의 문장은 ‘衆妙之門, 玄之又玄’이 도치된 것으로 보아야 한다. ‘衆妙之門’이 주어이고 ‘玄之又玄’이 서술어이다. ‘衆妙之門’은 ‘衆’이 ‘무리’이고 ‘妙’는 한이 없다는 뜻이니 온갖 것들이 끊임없이 드나드는 곳으로 곧 道이다. ‘玄之又玄’에서 ‘之’는 대명사로 無와 有를 가리킨다. 그러므로 道가 모든 것을 신비롭게 한다는 뜻이다.

　노자는 48장에서 ‘損之又損, 以至於無爲’라고 했다. 덜어 내고 또 덜어 내면 無爲에 이른다는 뜻으로 ‘損之又損’은 ‘玄之又玄’과 문장의 구

　　　　　　　　　　　　　　　老子를 만나라

조가 같다. 거기서 '之'는 정해지지 않은 것을 가리키는 대명사이다. '玄之又玄'에서 '之'의 쓰임도 마찬가지이다. 어조사로 보고 '신비롭고 또 신비롭다.'로 풀이하면 '衆妙之門'이 신비롭다는 말이 되고 만다. 이미 앞에서 無와 有의 모습을 신비롭다고 했는데 '衆妙之門'을 또다시 신비롭다고 하면 뜻이 통하지 않을 뿐만 아니라 문맥도 자연스럽게 이어지지 않는다. 따라서 '玄之又玄'에서 '之'는 無와 有를 가리키는 대명사로 보아야 한다. '衆妙之門'인 道가 無와 有를 신비롭게 하는 것이다.

도덕경의 첫 장은 道와 有無에 관한 노자의 생각을 아우르고 있다. 그러므로 처음부터 끝까지 일관성이 있어야 한다. 누가 아무리 쉬운 말로 풀어 써도 일관성이 없으면 읽는 사람은 혼란에 빠질 수밖에 없다.

사람들의 생각은 대체로 '常無欲以觀其妙'에서 갈라지기 시작한다. '常無'와 '無欲'의 다툼이다. '常無'로 읽는 사람들은 '영원한 없음으로 그 미묘함을 보고자 한다.'로 풀이하고, '無欲'으로 읽는 사람들은 '늘 욕심이 없으면 그 묘함을 본다.'라고 풀이한다. 王弼本과 河上公本보다 오래된 帛書本에는 '恒无欲也, 以觀其妙'로 되어 있다. 여기서 '恒'은 '항상'이고 '无'는 '無'이다. 따라서 '無欲'으로 읽는 사람들의 생각이 옳은 것처럼 보인다.

노자는 말로 나타낼 수 있는 道는 참된 道가 아니라고 했다. '名可名, 非常名'이라고 하며 道에 이름을 붙일 수 없다는 사실도 내비쳤다. 그리고 無에서 천지가 생겨났고 有에서 만물이 생겨났다고 한 뒤에 '故

常無欲以觀其妙'라고 하며 자신의 생각을 이어 간다. 이는 앞에서 道의 절대성을 밝혔고 이어서 無와 有의 작용을 밝혔으니 無의 본질을 설명하려는 것이다. 그러므로 '無欲'을 '욕심이 없으면'으로 풀이해서는 안 된다. 일관성이 없을 뿐만 아니라 전체적인 뜻을 크게 그르친다.

34장에 '常無欲, 可名於小'라는 말이 나온다. 언제나 하려는 것이 없으므로 보잘것없다고 할 수 있다는 뜻이다. 거기에서도 '常無欲'의 주체는 道이고 '無欲'은 하려는 것이 없다는 뜻으로 쓰였다. 따라서 '無欲'은 사람의 욕심이 아니다. 道가 아무것도 하는 것이 없는 상태로 천지를 생겨나게 한 無의 모습이다.

'此兩者同出而異名'에서도 사람들은 생각을 달리한다. 많은 사람이 '此兩者, 同出而異名'으로 끊어 읽고 '同出'을 '같은 곳에서 나오다, 같이 나오다'로 풀이한다. 같은 곳에서 나오든 같이 나오든 道에서 비롯되었다는 뜻일 것이다. 40장에 '天下萬物生於有, 有生於無'라는 말이 나온다. 만물은 有에서 생겨났고 有는 無에서 생겨났다는 뜻이니, 有와 無는 같은 곳에서 나온 것이 아니고 같이 나온 것도 아니다. 그러므로 '此兩者同, 出而異名'으로 끊어 읽어야 한다. 有와 無는 하나이지만 有가 無에서 모습을 드러냄으로써 이름을 달리하는 것이다.

老子를 만나라

第二章

모두가 좋다고 하는 것은 좋은 것이 아니고
모두가 바르다고 하는 것은 바른 것이 아니다.
이처럼 이 세상의 모든 것은 상대적이니
많은 것과 적은 것은 서로가 생겨나게 하고
어려운 것과 쉬운 것은 서로가 만들게 된다.
길고 짧음은 서로 견주기 때문에 나타나고
높고 낮음은 서로 마주하기 때문에 드러나며
노랫소리와 악기의 소리는 서로 어우러지고
앞과 뒤는 서로 앞서기도 하고 따르기도 한다.
그러므로 성인은 세상을 살아갈 때
하지 않는 듯이 일하고 말없이 가르친다.
만물이 생겨나도 아무런 말도 하지 않고
자라나도 가지려고 하지 않으며
보살펴도 스스로 나타내지 않고
이룬 것이 있어도 공을 차지하지 않는다.
오직 차지하지 않으니 언제나 그 자리에 머문다.

天下皆知美之爲美, 斯惡已. 皆知善之爲善, 斯不善已.
故有無相生, 難易相成, 長短相較, 高下相傾, 音聲相和,
前後相隨. 是以聖人處無爲之事, 行不言之教. 萬物作焉
而不辭, 生而不有, 爲而不恃, 功成而弗居. 夫唯弗居, 是
以不去.

解說

天下皆知美之爲美, 斯惡已.
皆知善之爲善, 斯不善已.

모두가 좋다고 하는 것은 좋은 것이 아니고
모두가 바르다고 하는 것은 바른 것이 아니다.

'天下皆知美之爲美, 斯惡已'에서 '美'는 모두 '좋다'이고, '斯'는 대명사
로 '이것'이며, '惡'은 '나쁘다'이니 좋지 않다는 뜻이고, '已'는 단정을 나
타내는 어조사이다. '皆知善之爲善, 斯不善已'에서 '善'은 모두 '바르다'
이다. 그러므로 모든 사람이 좋은 것을 좋은 것으로만 알면 그것은 좋
은 것이 아니고, 바른 것을 바른 것으로만 알면 그것은 바른 것이 아니
라는 뜻이다.

  老子를 만나라

만물은 보는 사람에 따라 다르게 다가온다. 좋은 것도 있고 나쁜 것도 있으며, 바른 것도 있고 바르지 않은 것도 있다. 모든 것은 상대적인 특성을 지니고 있으므로 아무런 기준 없이 모두가 좋다고 하는 것은 좋은 것이 아니라 할 수도 있고, 모두가 바르다고 하는 것은 바른 것이 아니라고 할 수도 있다.

故有無相生, 難易相成, 長短相較,
高下相傾, 音聲相和, 前後相隨.

이처럼 이 세상의 모든 것은 상대적이니
많은 것과 적은 것은 서로가 생겨나게 하고
어려운 것과 쉬운 것은 서로가 만들게 된다.
길고 짧음은 서로 견주기 때문에 나타나고
높고 낮음은 서로 마주하기 때문에 드러나며
노랫소리와 악기의 소리는 서로 어우러지고
앞과 뒤는 서로 앞서기도 하고 따르기도 한다.

'故有無相生'에서 '故'는 '그러므로'이니 위에 나온 두 문장 때문에 모든 것은 상대적이라는 뜻이고, 有와 無는 물질적인 '있음'과 '없음'으로 '많음'과 '적음'이다. 따라서 모든 것은 상대적이니 많은 것과 적은 것은 서로가 서로를 생겨나게 한다는 뜻이다. 많은 것은 적은 것이 있기 때문에 많아 보이고, 적은 것은 많은 것이 있기 때문에 적어 보인다.

 ‘難易相成’은 ‘難’이 ‘어렵다’이고 ‘易’는 ‘쉽다’이니 어려운 것과 쉬운 것은 서로가 서로를 만들게 된다는 뜻이다. 어려운 것은 쉬운 것이 있기 때문에 어려워 보이고, 쉬운 것은 어려운 것이 있기 때문에 쉬워 보인다.

 ‘長短相較’는 ‘較’가 ‘견주다’이니 긴 것과 짧은 것은 서로 견주기 때문에 나타난다는 뜻이고, ‘高下相傾’은 ‘傾’이 ‘기울이다’이니 높은 것과 낮은 것은 서로 마주하기 때문에 드러난다는 뜻이다. 모든 것은 상대가 있기 마련이다. 긴 것이 있어야 짧은 것이 있고, 짧은 것이 있어야 긴 것이 있다. 높은 것과 낮은 것도 마찬가지이다. 높은 것이 없으면 낮은 것이 있을 수 없고, 낮은 것이 없으면 높은 것이 있을 수 없다.

 ‘音聲相和’에서 ‘音’은 사람의 입에서 나오는 소리이고, ‘聲’은 악기가 내는 소리이며, ‘和’는 ‘화하다’이다. 따라서 노랫소리와 악기의 소리는 서로 조화를 이룬다는 뜻이다. 음악은 상대적인 두 소리가 조화를 잘 이루어야 한다. 아무리 뛰어난 소리라도 서로 어우러지지 않으면 훌륭한 음악은 만들어지지 않는다.

 ‘前後相隨’는 ‘隨’가 ‘따르다’이니 앞과 뒤는 서로가 서로를 따른다는 뜻이다. 뒤에 머무르던 것이 앞으로 나아가면 앞에 있던 것은 뒤쪽에 자리하고, 뒤쪽에 자리하던 것이 다시 앞으로 나아가면 앞에 있던 것은 또다시 뒤쪽에 머무른다. 만물은 그렇게 앞서기도 하고 뒤서기도 하니 앞과 뒤는 서로를 따르는 것이다.

老子를 만나라

是以聖人處無爲之事, 行不言之教.
萬物作焉而不辭, 生而不有, 爲而不恃, 功成而弗居.
夫唯弗居, 是以不去.

그러므로 성인은 세상을 살아갈 때
하지 않는 듯이 일하고 말없이 가르친다.
만물이 생겨나도 아무런 말도 하지 않고
자라나도 가지려고 하지 않으며
보살펴도 스스로 나타내지 않고
이룬 것이 있어도 공을 차지하지 않는다.
오직 차지하지 않으니 언제나 그 자리에 머문다.

도덕경에는 곳곳에 聖人이라는 말이 나온다. 가장 완성된 인간으로
노자가 생각해 낸 도를 지키며 덕을 베푸는 사람이다. 그는 여기서 '無
爲'라는 말을 써 가며 성인이 갖추어야 할 자세를 말한다. '無爲之事'와
'不言之教'이다. '無爲'는 아무것도 하지 않는 것이 아니라 억지로 하지
않는 것이다. 즉 하지 않는 듯이 자연스럽게 하는 것이다. '不言之教'는
말 없는 가르침이다.

'萬物作焉而不辭'에서 '萬物'은 천지가 낳은 모든 것이고, '作'은 '일어
나다'이니 생겨난다는 뜻이며, '不辭'는 '辭'가 '말하다'이니 아무런 말
도 하지 않고 내버려둔다는 뜻이다. '生而不有'에서 '生'은 '자라다'이고,

'不有'는 '有'가 '가지다'이니 소유하지 않고 그대로 둔다는 뜻이다. '爲而不恃'에서 '爲'는 '위하다'이니 보살피는 것이고, '不恃'는 '恃'가 '믿다'이니 하고도 했다고 여기지 않는다는 뜻이다. '功成而弗居'에서 '功'은 이루기 위해 힘쓰는 것이고, '弗居'는 '弗'이 '아니다'이고 '居'가 '차지하다'이니 차지하지 않는다는 뜻이다.

'夫唯弗居'에서 '夫'는 말을 시작할 때 앞에 의미 없이 붙이는 발어사이고 '唯'는 '오직'이며, '是以不去'에서 '是'는 '弗居'를 가리키고 '不去'는 '去'가 '떠나다'이니 자리에서 물러나지 않는 것이다. 그러므로 성인은 공을 이루어도 차지하지 않기 때문에 자신의 자리를 지킨다는 뜻이다.

老子를 만나라

第三章

뛰어난 사람을 높이 받들지 아니하여
사람들이 서로 다투지 않게 해야 한다.
얻기 힘든 재물을 소중히 여기지 아니하여
사람들이 도둑질을 하지 않게 해야 한다.
욕심이 나게 하는 것들을 보이지 아니하여
사람들의 마음을 어지럽지 않게 해야 한다.
그러므로 성인은 백성들을 다스릴 때
마음은 비우게 하고 배는 부르게 하며
사심은 버리게 하고 몸은 튼튼하게 한다.
사람들이 늘 알려는 것도 하려는 것도 없게 하고
지혜로운 사람이 감히 나서지 못하게 해야 한다.
하지 않는 듯이 하면 다스려지지 않는 것이 없다.

不尚賢, 使民不爭, 不貴難得之貨, 使民不爲盜, 不見可
欲, 使民心不亂. 是以聖人之治, 虛其心, 實其腹, 弱其志,
強其骨. 常使民無知無欲, 使夫智者不敢爲也. 爲無爲, 則
無不治.

不尚賢, 使民不爭,
不貴難得之貨, 使民不爲盜,
不見可欲, 使民心不亂.

뛰어난 사람을 높이 받들지 아니하여
사람들이 서로 다투지 않게 해야 한다.
얻기 힘든 재물을 소중히 여기지 아니하여
사람들이 도둑질을 하지 않게 해야 한다.
욕심이 나게 하는 것들을 보이지 아니하여
사람들의 마음을 어지럽지 않게 해야 한다.

'不尚賢, 使民不爭'에서 '尚'은 '높이다'이니 받든다는 뜻이고, '賢'은 '어질다, 낫다'이니 뛰어난 사람을 뜻하며, '使'는 '~하게 하다'이고, '爭'은 '다투다'이다. 뛰어난 사람을 높이 받들게 되면 사람들은 그처럼 되기 위해 끊임없이 다투게 된다.

'不貴難得之貨, 使民不爲盜'에서 '貴'는 '귀하게 여기다'이고, '難得之貨'는 '難'이 '어렵다'이고 '貨'는 '재물'이니 얻기 어려운 재물이며, '盜'는 '도둑'이다. 얻기 어려운 값비싼 재물을 소중히 여기면 그것을 알고 있는 누군가는 갖고 싶은 마음이 생겨나 도둑질을 하게 된다.

老子를 만나라

‘不見可欲, 使民心不亂’에서 ‘見’은 ‘보이다’이고, ‘可欲’은 ‘欲’이 ‘바라다’이니 욕심이 생겨나게 하는 것이며, ‘亂’은 ‘어지럽다’이다. 욕심이 생겨나게 하는 것이 눈에 띄면 사람들은 가지고 싶은 생각에 마음이 어지러워진다.

是以聖人之治, 虛其心, 實其腹, 弱其志, 强其骨.

그러므로 성인은 백성들을 다스릴 때
마음은 비우게 하고 배는 부르게 하며
사심은 버리게 하고 몸은 튼튼하게 한다.

‘虛其心’에서 ‘虛’는 ‘비우다’이고 ‘心’은 ‘마음’이며, ‘實其腹’에서 ‘實’은 ‘차다’이고 ‘腹’은 ‘배’이다. ‘弱其志’에서 ‘弱’은 ‘약하게 하다’이니 줄어들게 하는 것이고, ‘志’는 ‘사심’이다. ‘强其骨’에서 ‘强’은 ‘강하다’이니 튼튼하게 하는 것이고, ‘骨’은 ‘몸’이다. 성인은 사람들이 마음을 비우게 해 사심을 품지 않도록 하고, 배불리 먹을 수 있게 해 건강한 몸으로 살아가도록 한다는 뜻이다.

常使民無知無欲, 使夫智者不敢爲也.
爲無爲, 則無不治.

사람들이 늘 알려는 것도 하려는 것도 없게 하고
지혜로운 사람이 감히 나서지 못하게 해야 한다.
하지 않는 듯이 하면 다스려지지 않는 것이 없다.

'常使民無知無欲'에서 '無知'는 알려는 것이 없는 것이고, '無欲'은 하려는 것이 없는 것이다. '使夫智者不敢爲也'에서 '夫'는 대명사로 '저'이고, '智者'는 지혜로운 사람이며, '敢爲'는 '敢'이 '감히'이니 나서서 뭔가를 한다는 뜻이고, '也'는 종결을 나타내는 어조사이다. 세상을 바르게 다스리면 백성들은 삶에 만족하고 편안히 살아갈 수 있다. 그러면 굳이 세상일을 알려고 하지 않고 나서서 뭔가를 하려고 하지도 않는다. 지혜가 있는 사람도 할 일이 없어진다.

'爲無爲, 則無不治'는 '不治'가 다스려지지 않는 것이니 '無爲'로 살아가면 모든 것을 다스릴 수 있다는 뜻이다. 無爲는 앞 장에서 말했듯이 아무것도 하지 않는 것이 아니라 하지 않는 듯이 자연스럽게 하는 것이다. 노자가 생각해 낸 가장 이상적인 다스림이고 최상의 삶이다.

老子를 만나라

第四章

도는 텅 비어 있으나 모두를 보살피고
언제나 차고 넘치지 않는다.
깊고 고요하니 만물의 근원인 듯하여라.
도는 날카로운 것은 꺾고 어지러운 것은 풀고
빛나는 것을 감추고 티끌과도 함께한다.
맑고 가득하니 늘 있는 듯하여라.
우리는 도가 비롯된 곳을 알 수가 없다.
그러나 생겨난 것은 그 무엇보다도 먼저이다.

道沖而用之, 或不盈. 淵兮似萬物之宗. 挫其銳, 解其紛,
和其光, 同其塵. 湛兮似或存. 吾不知誰之子, 象帝之先.

道沖而用之, 或不盈.
淵兮似萬物之宗.

도는 텅 비어 있으나 모두를 보살피고
언제나 차고 넘치지 않는다.
깊고 고요하니 만물의 근원인 듯하여라.

'道沖而用之'에서 '沖'은 '비다'이고, '用之'는 用이 '베풀다'이고 '之'는
도를 가리키니 도를 베푸는 것으로 만물을 보살핀다는 뜻이다. '或不
盈'에서 '或'은 '항상'이고, '盈'은 '가득 차 넘치다'이다. 그러므로 '道沖而
用之, 或不盈'은 도는 텅 비어 있지만 만물을 보살피고 언제나 차고 넘
치지 않는다는 뜻이다.

여기서 '用'을 '쓰다'로 풀이할 수도 있으나 도는 쓸 수 있는 것이 아
니다. '道常無名, 樸雖小, 天下莫能臣也'라는 말이 32장에 나온다. 도는
언제나 이름이 없고 통나무처럼 비록 보잘것없으나 아무도 신하로 삼
을 수 없다는 뜻이다. 만물은 도를 거스르지 않고 따라야 할 뿐이다.

'淵兮似萬物之宗'에서 '淵'은 '깊다, 조용하다'이고, '兮'는 감탄을 나타
낼 때 쓰는 어조사이며, '似'는 '비슷하다'이고, '宗'은 '근원'이니 시작을
뜻한다.

老子를 만나라

挫其銳, 解其紛, 和其光, 同其塵.
湛兮似或存.

도는 날카로운 것은 꺾고 어지러운 것은 풀고
빛나는 것을 감추고 티끌과도 함께한다.
맑고 가득하니 늘 있는 듯하여라.

'挫其銳'는 '挫'가 '꺾다'이고 '銳'는 '날카롭다'이니 너무 드러나는 것을
꺾어 준다는 뜻이고, '解其紛'은 '解'가 '풀다'이고 '紛'은 '어지럽다'이니
몹시 얽혀 있는 것을 풀어 준다는 뜻이다. '和其光'은 '和'가 '온화하다'
이고 '光'은 '빛나다'이니 빛나는 것을 드러내지 않는다는 뜻이고, '同其
塵'은 '同'이 '같이하다'이고 '塵'은 '티끌'이니 아주 보잘것없는 것과도 함
께한다는 뜻이다. 이 모두는 '道沖而用之'에서 '用之'로 도가 만물을 위
해 베푸는 일이다.
　'湛兮似或存'에서 '湛'은 '맑다, 가득히 차다'이니 보이지 않는 도의 모
습이고, '似或存'은 '或'이 '항상'이고 '存'이 '있다'이니 언제나 이 세상에
있는 것 같다는 뜻이다.

吾不知誰之子, 象帝之先.

우리는 도가 비롯된 곳을 알 수가 없다.

그러나 생겨난 것은 그 무엇보다도 먼저이다.

‘吾不知誰之子’에서 ‘吾’는 ‘우리’이고, ‘誰之子’는 ‘誰’가 ‘누구’이니 ‘누구의 자식’으로 도를 가리킨다. 따라서 ‘誰’는 도를 낳은 그 무엇이다. ‘象帝之先’에서 ‘象帝’는 ‘象’이 형상이고 ‘帝’는 ‘임금’이니 가장 뛰어난 것이고, ‘先’은 ‘먼저’이다. 그러므로 그 무엇보다도 먼저 생겨났다는 뜻이다.

老子를 만나라

第五章

천지는 친함이 없어 만물을 내버려두고
성인도 친함이 없어 백성을 내버려둔다.
하늘과 땅 사이는 풀무와도 같은가?
텅 비어 있으나 멈춤이 없고
움직일수록 더욱 많은 것이 생겨 나온다.
말이 많으면 자주 어려움에 빠지게 되니
치우침 없이 고요히 지내는 것만 못하다.

天地不仁, 以萬物爲芻狗. 聖人不仁, 以百姓爲芻狗. 天地之間, 其猶槖籥乎? 虛而不屈, 動而愈出. 多言數窮, 不如守中.

老子를 만나라

天地不仁, 以萬物爲芻狗.
聖人不仁, 以百姓爲芻狗.

천지는 친함이 없어 만물을 내버려두고
성인도 친함이 없어 백성을 내버려둔다.

'天地不仁'에서 '不仁'은 '仁'이 두 사람이 친하게 지내는 모습이니 친하게 지내지 않는다는 뜻이다. '以萬物爲芻狗'에서 '芻狗'는 제사를 지낼 때 쓰던 짚으로 만든 개로 제사가 끝나면 내다 버렸으니 쓸모가 없어 버린 물건이다. 그러므로 '天地不仁, 以萬物爲芻狗'는 천지는 만물을 친하게 대하지 않고 버리듯이 내버려둔다는 뜻이다.

'聖人不仁, 以百姓爲芻狗'는 성인도 백성을 친하게 대하지 않고 천지가 만물을 대하듯이 내버려둔다는 뜻이다.

天地之間, 其猶橐籥乎?
虛而不屈, 動而愈出.

하늘과 땅 사이는 풀무와도 같은가?
텅 비어 있으나 멈춤이 없고

움직일수록 더욱 많은 것이 생겨 나온다.

'天地之間'은 하늘과 땅 사이의 텅 빈 곳이다. '其猶橐籥乎'에서 '其'는 '아마도'이고, '猶'는 '같다'이며, '橐籥'은 풀무이고, '乎'는 의문을 나타내는 어조사이다. 여기서 '橐籥'은 '橐'이 '풀무'이고 '籥'은 '피리'이니 풀무와 피리로 풀이할 수도 있으나 풀무의 모양과 기능으로 봐 풀무로 보아야 한다.
　'虛而不屈'은 '虛'가 '비다'이고 '屈'은 '다하다'이니 비어 있지만 멈추지 않고 끊임없이 움직인다는 뜻이다. '動而愈出'은 '動'이 '움직이다'이고 '愈'는 '더욱'이니 움직일수록 점점 더 많은 것이 생겨난다는 뜻이다.

多言數窮, 不如守中.

말이 많으면 자주 어려움에 빠지게 되니
치우침 없이 고요히 지내는 것만 못하다.

'多言數窮'은 '數'이 '자주'이고 '窮'은 '궁하다'이니 말을 많이 하다 보면 자주 어려운 지경에 빠지게 된다는 뜻이다. '不如守中'에서 '不如'는 '如'가 '같다'이니 같지 않다는 뜻이고, '守中'은 '守'가 '머무르다'이고 '中'은 '가운데'이니 가운데에 머무는 것으로 치우치지 않는다는 뜻이다. 그러므로 '多言數窮, 不如守中'은 많은 말을 하지 말고 천지와 같이 치우침 없이 고요히 지내야 한다는 뜻이다.

第六章

만물을 기르는 신은 영원하니
이를 신비한 암컷이라고 한다.
신비한 암컷에는 문이 있으니
그곳에서 천지는 비롯되었다.
사라짐 없이 늘 있는 듯하고
모두를 보살펴도 지치지 않는다.

谷神不死, 是謂玄牝. 玄牝之門, 是謂天地根. 綿綿若存,
用之不勤.

老子를 만나라

谷神不死, 是謂玄牝.

만물을 기르는 신은 영원하니
이를 신비한 암컷이라고 한다.

‘谷神不死’에서 ‘谷’은 ‘골짜기’로 ‘기르다’라는 뜻을 지녔으니 온갖 것을 낳고 기르는 천지로 보아야 할 것이다. 따라서 ‘谷神’은 만물을 낳고 기르는 신으로 곧 도이다. ‘是謂玄牝’은 ‘是’가 ‘谷神’을 가리키니 谷神이 곧 玄牝이라는 말이다. ‘玄牝’은 ‘玄’이 신비롭다는 뜻이고 ‘牝’은 ‘암컷’이니 신비로운 힘을 지닌 암컷이다.

玄牝之門, 是謂天地根.

신비한 암컷에는 문이 있으니
그곳에서 천지는 비롯되었다.

‘玄牝之門, 是謂天地根’은 玄牝之門이 천지의 근원이라는 말로 그곳에서 천지가 시작되었다는 뜻이다. 천지는 무에서 시작되었다. 그러므로 玄牝이 谷神으로 도이니 玄牝之門은 곧 ‘도의 문’으로 천지를 생겨나게 한 무이다.

노자는 여기서 무와 유의 관계를 밝힌다. 도의 문이 무이니 무는 도가 낳은 온갖 것들이 생겨나는 곳이다. 즉 도가 낳은 것들은 '무'라는 상태를 거쳐 '유'라는 이름으로 모습을 드러낸다.

綿綿若存, 用之不勤.

**사라짐 없이 늘 있는 듯하고
모두를 보살펴도 지치지 않는다.**

'綿綿若存'에서 '綿綿'은 '綿'이 '이어지다'이니 끊임없이 이어지는 것으로 사라지지 않는다는 뜻이고, '若存'은 '若'이 '같다'이고 '存'은 '있다'이니 언제나 이 세상에 있는 듯하다는 뜻이다. '用之不勤'에서 '用之'는 이미 4장에서 나왔다. '用'은 '베풀다'이고 '之'는 도를 가리키니 도를 베푸는 것으로 만물을 보살핀다는 뜻이다. '不勤'은 '勤'이 '괴로워하다'이니 지치지 않는다는 뜻이다.

　　　　　　　　　　　　　老子를 만나라

第七章

하늘은 아득하고 땅은 오래고 오래다.
하늘이 아득하고 땅이 오래된 까닭은
스스로 그러려고 하지 않기 때문이다.
그러하니 오랜 세월 언제나 그대로이다.
이에 성인은 물러서지만 앞서게 되고
스스로 내세우지 않아도 드러나게 된다.
그것은 사심이 없기 때문이 아니겠는가?
그러므로 자신의 사사로운 뜻을 이룬다.

天長地久. 天地所以能長且久者, 以其不自生, 故能長
生. 是以聖人後其身而身先, 外其身而身存. 非以其無私
邪? 故能成其私.

天長地久.
天地所以能長且久者, 以其不自生, 故能長生.

하늘은 아득하고 땅은 오래고 오래다.
하늘이 아득하고 땅이 오래된 까닭은
스스로 그러려고 하지 않기 때문이다.
그러하니 오랜 세월 언제나 그대로이다.

‘天長地久’에서 ‘長’은 ‘멀다, 깊다’이니 아득하다는 뜻이고, ‘久’는 ‘오래다’이다. 따라서 하늘은 아득하고 땅은 오래되었다는 뜻이다.

‘天地所以能長且久者’에서 ‘所以’는 ‘까닭’이고, ‘能’은 ‘~할 수 있다’로 조동사이다. ‘以其不自生’에서 ‘以’는 ‘~ 때문에’이고, ‘其’는 대명사로 天地를 가리키며, ‘不自生’은 ‘生’이 ‘자라다’이니 스스로 長久하려 하지 않는다는 뜻이다. ‘故能長生’은 ‘長’이 ‘길다’이고 ‘生’은 ‘살다’이니 長久하려 하지 않기 때문에 오랜 세월 그대로일 수 있다는 뜻이다.

是以聖人後其身而身先, 外其身而身存.
非以其無私邪? 故能成其私.

老子를 만나라

이에 성인은 물러서지만 앞서게 되고
스스로 내세우지 않아도 드러나게 된다.
그것은 사심이 없기 때문이 아니겠는가?
그러므로 자신의 사사로운 뜻을 이룬다.

'是以聖人後其身而身先'에서 '後其身'은 남보다 뒤에 머무는 것이고, '身先'은 남보다 앞서는 것이다. '外其身而身存'에서 '外其身'은 남들과 떨어져 머무는 것이고, '身存'은 남보다 드러나는 것이다. 그러므로 성인은 스스로 나타내지 않아도 자신의 뜻과 상관없이 세상의 중심이 되어 사람들을 이끌게 된다는 뜻이다.

'非以其無私邪'에서 '其'는 성인을 가리키고, '無私'는 '私'가 '사사롭다' 이니 사심이 없다는 뜻이며, '邪'는 의문을 나타내는 어조사이다. '故能成其私'에서 '其私'는 '其'가 성인을 가리키니 성인의 사사로운 뜻으로 그가 하고자 하는 일이다. 노자는 2장에서 성인이 갖추어야 할 자세에 대하여 말했다. '無爲之事'와 '不言之敎'이다. 그러므로 '非以其無私邪? 故能成其私'는 성인은 나서지 않고 사심 없이 '無爲之事'와 '不言之敎'에 힘쓰지만 자신이 하고자 하는 일을 이루어 낸다는 뜻이다.

第八章

가장 좋은 삶은 물처럼 살아가는 것이다.
물은 만물을 이롭게 할 뿐 다투지 않고
사람들이 싫어하는 곳에 머무니 도와도 같다.
사는 곳은 땅이 좋고 마음은 깊어야 좋으며
가까운 이는 어질어야 좋고 말은 진실해야 좋다.
정치는 바르게 해야 좋고 일은 잘해야 좋으며
행동은 할 때를 잘 맞추어 하는 것이 좋다.
그리하면 다툼이 없으니 허물이 생기지 않는다.

上善若水. 水善利萬物而不爭, 處衆人之所惡, 故幾於
道. 居善地, 心善淵, 與善仁, 言善信, 正善治, 事善能, 動
善時. 夫唯不爭, 故無尤.

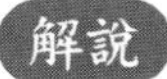

上善若水.

水善利萬物而不爭, 處衆人之所惡, 故幾於道.

가장 좋은 삶은 물처럼 살아가는 것이다.

물은 만물을 이롭게 할 뿐 다투지 않고

사람들이 싫어하는 곳에 머무니 도와도 같다.

'上善'은 '上'이 '첫째'이고 '善'은 '좋다'이니 가장 좋은 것으로 '최상의 삶'이다. '최상의 선'으로 풀이할 수도 있으나 뒤쪽에 이어지는 '居善地' 부터 '動善時'까지의 내용이 모두 삶에 관한 것이므로 자연스럽지 못하다. 또 거기서 '善'은 모두 '좋다'라는 뜻으로 쓰였으니 '上善'은 최상의 삶으로 보아야 한다.

'水善利萬物'은 '善'이 '많이'이고 '利'는 '이롭게 하다'이니 물은 만물을 매우 이롭게 한다는 뜻이다. '處衆人之所惡'는 '處'가 '머무르다'이고 '惡' 는 '싫어하다'이니 많은 사람이 싫어하는 아래쪽에 머문다는 뜻이다. '故幾於道'에서 '幾'는 '가깝다'이니 비슷하다는 뜻이다.

居善地, 心善淵, 與善仁, 言善信, 正善治, 事善能, 動善時.
夫唯不爭, 故無尤.

사는 곳은 땅이 좋고 마음은 깊어야 좋으며
가까운 이는 어질어야 좋고 말은 진실해야 좋다.
정치는 바르게 해야 좋고 일은 잘해야 좋으며
행동은 할 때를 잘 맞추어 하는 것이 좋다.
그리하면 다툼이 없으니 허물이 생기지 않는다.

'居善地'는 '居'가 '살다'이니 사람이 사는 곳은 땅이 좋다는 뜻이고,
'心善淵'은 '淵'이 '깊다'이니 마음은 연못처럼 깊어야 좋다는 뜻이다.
'與善仁'에서 '與'는 '함께하다'이니 가까운 사람이고, '言善信'에서 '信'은
'믿다'이니 진실해야 한다는 뜻이다. '正善治'에서 '正'은 '정치'이고 '治'
는 '다스리다'이니 바르게 하는 것이며, '事善能'에서 '事'는 '일'이고 '能'
은 '잘하다'이다. '動善時'에서 '動'은 '움직이다'이니 행동을 뜻하고 '時'
는 '때를 맞추다'이다. '故無尤'에서 '無尤'는 '尤'가 '허물'이니 허물이 생
기지 않는다는 뜻이다.

老子를 만나라

第九章

갖고도 더 가지려는 짓은 그만두느니만 못하고
쇠를 불려서 날카롭게 하면 오래가지 못한다.
금과 옥이 집 안에 가득하면 다 지킬 수 없고
부귀를 얻고 교만해지면 스스로 허물을 남긴다.
공을 이루면 뒤로 물러나는 것이 하늘의 도이다.

持而盈之, 不如其已, 揣而銳之, 不可長保. 金玉滿堂, 莫之能守, 富貴而驕, 自遺其咎. 功遂身退, 天之道.

持而盈之, 不如其已, 揣而銳之, 不可長保.

갖고도 더 가지려는 짓은 그만두느니만 못하고
쇠를 불려서 날카롭게 하면 오래가지 못한다.

'持而盈之'에서 '持'는 '가지다'이니 이미 가지고 있다는 뜻이고, '盈之'는 '盈'이 '채우다'이고 '之'는 '가진 것'을 가리키니 가지고도 더 가지려 한다는 뜻이다. '不如其已'에서 '不如'는 '如'가 '같다'이니 같지 않다는 뜻이고, '其'는 가지고도 더 가지려는 사람이며, '已'는 '그만두다'이다.
'揣而銳之'에서 '揣'는 '불리다'이니 쇠를 불에 달구어 단단하게 하는 것이고, '銳之'는 '銳'가 '날카롭다'이니 불에 달구어 단단하게 한 쇠를 날카롭게 하는 것이다. '不可長保'는 '保'가 '보존하다'이니 오래가지 못한다는 뜻이다.

金玉滿堂, 莫之能守, 富貴而驕, 自遺其咎.

금과 옥이 집 안에 가득하면 다 지킬 수 없고
부귀를 얻고 교만해지면 스스로 허물을 남긴다.

老子를 만나라

‘金玉滿堂’에서 ‘金玉’은 금과 옥으로 소중한 재물을 뜻하고, ‘滿堂’은 ‘滿’이 ‘가득하다’이고 ‘堂’은 ‘집’이니 아주 많이 가지고 있다는 뜻이다. ‘莫之能守’에서 ‘莫’은 부정을 나타내는 조동사이고, ‘之’는 金玉을 가리킨다.

‘富貴而驕’에서 ‘富貴’는 재산이 넉넉하고 지위가 높다는 뜻이고, ‘驕’는 ‘교만하다’이다. ‘自遺其咎’에서 ‘遺’는 ‘남기다’이고, ‘咎’는 ‘허물’이다.

功遂身退, 天之道.

공을 이루면 뒤로 물러나는 것이 하늘의 도이다.

‘功遂身退’는 ‘遂’가 ‘이루다’이고 ‘退’는 ‘물러나다’이니 공을 이루고 물러난다는 뜻이다. 2장에서도 같은 뜻인 ‘功成而弗居’라는 말이 나왔다. ‘天之道’는 ‘天’이 하늘이고 ‘道’는 ‘길’이니 하늘의 이치이다. ‘夫物芸芸, 各復歸其根’이라는 말이 16장에 나온다. 만물은 다 자라나면 모두 처음으로 되돌아간다는 뜻으로 자연의 이치를 말한 것이다. ‘功遂身退’ 또한 자연의 이치로 도를 따르는 길이다.

第十章

마음을 다스려 하나 되게 하여
흩어지지 않게 할 수 있는가?
정기를 가득 채워 부드럽게 하여
갓난아이와 같이 될 수 있는가?
몸가짐을 바로 하고 자세히 살펴
아무런 흠이 없게 할 수 있는가?
백성을 아끼고 나라를 잘 다스려
알려는 것이 없게 할 수 있는가?
하늘의 이치를 거스르지 않고
만물의 어머니처럼 될 수 있는가?
모든 것을 아주 뚜렷이 깨닫고
하지 않는 듯이 할 수 있는가?
도는 만물을 낳고 길러 주지만
자라나도 가지려고 하지 않고
보살펴도 스스로 나타내지 않으며
기운이 넘쳐나도 부리지 않으니
이를 일러 한없이 큰 덕이라고 한다.

老子를 만나라

載營魄抱一, 能無離乎? 專氣致柔, 能嬰兒乎? 滌除玄
覽, 能無疵乎? 愛民治國, 能無知乎? 天門開闔, 能爲雌
乎? 明白四達, 能無爲乎? 生之畜之, 生而不有, 爲而不
恃, 長而不宰, 是謂玄德.

載營魄抱一, 能無離乎?
專氣致柔, 能嬰兒乎?

마음을 다스려 하나 되게 하여
흩어지지 않게 할 수 있는가?
정기를 가득 채워 부드럽게 하여
갓난아이와 같이 될 수 있는가?

'載'는 말을 시작할 때 앞에 의미 없이 붙이는 발어사이다. '營魄抱一'
에서 '營魄'은 '營'이 '다스리다'이고 '魄'은 '마음'이니 마음을 다스린다는
뜻이다. '抱一'은 '抱'가 '지키다'이고 '一'은 '하나'이니 하나가 되게 한다
는 뜻이다. '能無離乎'는 '離'가 '흩어지다'이니 흩어지지 않게 할 수 있
느냐는 말이다.

‘專氣致柔’에서 ‘專氣’는 ‘專’이 ‘가득 차다’이고 ‘氣’는 ‘기운’이니 정기를
온몸에 가득 채운다는 뜻이다. ‘致柔’는 ‘致’가 ‘이르다’이고 ‘柔’는 ‘부드
럽다’이니 부드럽게 한다는 뜻이다. ‘能嬰兒乎’는 ‘嬰兒’가 ‘갓난아이’이
니 갓난아이처럼 될 수 있느냐는 말이다.

> 滌除玄覽, 能無疵乎?
> 愛民治國, 能無知乎?

> 몸가짐을 바로 하고 자세히 살펴
> 아무런 흠이 없게 할 수 있는가?
> 백성을 아끼고 나라를 잘 다스려
> 알려는 것이 없게 할 수 있는가?

‘滌除玄覽’에서 ‘滌除’는 ‘滌’이 ‘씻다’이고 ‘除’는 ‘깨끗하다’이니 몸가짐
을 바르게 하는 것이다. ‘玄覽’은 ‘玄’이 ‘깊다’이고 ‘覽’은 ‘보다’이니 자세
히 살펴보는 것이다. ‘能無疵乎’는 ‘疵’가 ‘흠’이니 흠이 없게 할 수 있느
냐는 말이다.

‘愛民治國’에서 ‘愛民’은 백성을 사랑하는 것이고, ‘治國’은 ‘治’가 ‘다
스리다’이니 나라를 바르게 하는 것이다. ‘能無知乎’는 ‘知’가 ‘알다’이니
백성들이 알려고 하는 것이 없게 할 수 있느냐는 말이다.

老子를 만나라

天門開闔, 能爲雌乎?
明白四達, 能無爲乎?

하늘의 이치를 거스르지 않고
만물의 어머니처럼 될 수 있는가?
모든 것을 아주 뚜렷이 깨닫고
하지 않는 듯이 할 수 있는가?

'天門開闔'에서 '天門'은 하늘의 문이고, '開闔'은 '開'가 '열다'이고 '闔'은 '닫다'이니 열고 닫는 것이다. 따라서 하늘의 문을 열고 닫는 것으로 하늘의 이치를 따른다는 뜻이다. '能爲雌乎'는 '雌'가 '암컷'이니 만물을 낳은 어머니처럼 될 수 있느냐는 말이다.

'明白四達'에서 '明白'은 '明'이 '밝다'이고 '白'은 '희다'이니 아주 뚜렷하다는 뜻이다. '四達'은 '四'가 '사방'이고 '達'은 '깨닫다'이니 모든 것을 안다는 뜻이다. '能無爲乎'는 '無爲'가 하지 않는 듯이 하는 것이니 자연스럽게 할 수 있느냐는 말이다.

生之畜之, 生而不有, 爲而不恃, 長而不宰, 是謂玄德.

도는 만물을 낳고 길러 주지만
자라나도 가지려고 하지 않고

보살펴도 스스로 나타내지 않으며

기운이 넘쳐나도 부리지 않으니

이를 일러 한없이 큰 덕이라고 한다.

'生之畜之'는 '之'가 만물을 가리키니 도는 만물을 낳고 또 그것들을 기른다는 뜻이다. '生而不有, 爲而不恃'는 이미 2장에서 나왔다. 자라나도 그대로 두고 보살펴도 스스로 나타내지 않는다는 뜻이다. '長而不宰'는 '長'이 '성하다'이고 '宰'는 '다스리다'이니 자라나 기운이 넘쳐도 부리지 않는다는 뜻이다.

'是謂玄德'에서 '玄德'은 '玄'이 '깊다, 크다'이니 한없이 큰 덕이다. 노자는 여기서 현덕이 무엇인지를 밝힌다. '生而不有, 爲而不恃, 長而不宰'가 곧 현덕으로 도가 만물을 낳은 뒤에 기르면서 하는 일이다.

第十一章

바큇살 서른 개가 한 바퀴통에 모이니
수레는 바퀴통이 비어 있어 쓸 수 있다.
진흙을 이겨서 그릇을 만드니
그릇은 빈 곳이 있어 쓸 수 있다.
벽에 문과 창을 내어 방을 만드니
방은 트인 곳이 있어 쓸 수 있다.
그러므로 있는 것은 쓸 곳이 있고
없는 곳은 없으므로 하여 쓸 수 있다.

三十輻共一轂, 當其無, 有車之用. 埏埴以爲器, 當其無,
有器之用. 鑿戶牖以爲室, 當其無, 有室之用. 故有之以爲
利, 無之以爲用.

三十輻共一轂, 當其無, 有車之用.

바큇살 서른 개가 한 바퀴통에 모이니
수레는 바퀴통이 비어 있어 쓸 수 있다.

'三十輻共一轂'에서 '輻'은 '바큇살'이고, '共'은 '함께하다'이며, '轂'은 '바퀴통'이다. 따라서 서른 개의 바큇살이 하나의 바퀴통에 모인다는 뜻이다. '當其無, 有車之用'에서 '當'은 '마땅하다'이니 알맞다는 뜻이고, '其無'는 '其'가 轂을 가리키니 바퀴통 안쪽이 비어 있다는 뜻이며, '有車 之用'은 '用'이 '용도'이니 수레를 쓸 수 있다는 뜻이다. 수레가 굴러갈 수 있는 것은 바퀴통의 구멍이 알맞게 비어 있기 때문이다.

埏埴以爲器, 當其無, 有器之用.

진흙을 이겨서 그릇을 만드니
그릇은 빈 곳이 있어 쓸 수 있다.

'埏埴以爲器'는 '埏'이 '이기다'이고 '埴'은 '진흙'이니 진흙을 이겨서 그 것으로 그릇을 만든다는 뜻이다. 그릇은 모두 안쪽이 나름대로 알맞게 비어 있다. 그곳에 뭔가를 담을 수 있으므로 쓸 수가 있는 것이다.

鑿戶牖以爲室, 當其無, 有室之用.

벽에 문과 창을 내어 방을 만드니
방은 트인 곳이 있어 쓸 수 있다.

‘鑿戶牖以爲室’에서 ‘鑿’은 ‘뚫다’이고, ‘戶’는 ‘지게문’이며, ‘牖’는 ‘들창문’이다. 따라서 벽을 뚫어서 그곳에 문과 창을 내어 방을 만든다는 뜻이다. 방은 문과 창을 통해 막히지 않고 트여 있으니 그곳은 벽이 알맞게 비어 있는 곳이다. 그곳으로 뭔가가 드나들 수 있으므로 방은 쓸 수가 있는 것이다.

故有之以爲利, 無之以爲用.

그러므로 있는 것은 쓸 곳이 있고
없는 곳은 없으므로 하여 쓸 수 있다.

‘有之以爲利’에서 ‘利’는 ‘이롭다’이니 쓸 곳이 있다는 뜻으로 ‘無之以爲用’에서 ‘用’과 같은 뜻을 지녔다. 그러므로 ‘有之以爲利, 無之以爲用’은 있는 것은 있기 때문에 쓸 수 있고, 없는 곳은 없기 때문에 쓸 수 있

다는 뜻이다. 유가 이로운 것은 무가 쓰임이 있기 때문이라고 풀이할
수도 있지만, 이는 무의 쓰임을 지나치게 강조하려는 것으로 문장의
구조로 봐 자연스럽지 못하다.

老子를 만나라

第十二章

여러 가지 고운 빛은 사람의 눈을 멀게 하고

여러 가지 아름다운 소리는 귀를 먹게 하며

여러 가지 맛 좋은 음식은 입맛을 그르친다.

말을 달려 사냥하는 일은 마음을 거칠게 하고

얻기 어려운 재물은 바른 행동을 가로막는다.

이에 성인은 속을 위하고 겉은 위하지 않는다.

그러므로 밖으로 드러나는 것은 멀리하고

안에 있어 보이지 않는 것을 소중하게 여긴다.

五色令人目盲, 五音令人耳聾, 五味令人口爽. 馳騁田
獵令人心發狂, 難得之貨令人行妨. 是以聖人爲腹不爲目,
故去彼取此.

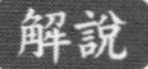

五色令人目盲, 五音令人耳聾, 五味令人口爽.

여러 가지 고운 빛은 사람의 눈을 멀게 하고
여러 가지 아름다운 소리는 귀를 먹게 하며
여러 가지 맛 좋은 음식은 입맛을 그르친다.

'五色令人目盲'에서 '五色'은 파랑, 노랑, 빨강, 하양, 검정의 다섯 가지 색이지만 여기서는 여러 가지 빛깔을 뜻한다. '令'은 '~하게 하다'이고, '盲'은 '눈이 멀다'이다. 따라서 여러 가지 고운 빛깔은 사람의 눈을 어지럽게 한다는 뜻이다. '耳聾'에서 '聾'은 '귀가 먹다'이니 귀를 어지럽힌다는 뜻이고, '口爽'에서 '爽'은 '어긋나다'이니 그르친다는 뜻이다.

馳騁田獵令人心發狂, 難得之貨令人行妨.

말을 달려 사냥하는 일은 마음을 거칠게 하고
얻기 어려운 재물은 바른 행동을 가로막는다.

'馳騁田獵'은 '馳'와 '騁'이 모두 '달리다'이고 '田'과 '獵'은 모두 '사냥하다'이니 말을 달려 사냥하는 일이다. '令人心發狂'은 '發'이 '드러내다'이

老子를 만나라

고 '狂'은 '사납다'이니 사람의 마음을 거칠게 한다는 뜻이다. '難得之貨'
는 얻기 힘든 재물이고, '令人行妨'은 '妨'이 '방해하다'이니 사람의 바른
행동을 가로막는다는 뜻이다.

是以聖人爲腹不爲目, 故去彼取此.

이에 성인은 속을 위하고 겉은 위하지 않는다.
그러므로 밖으로 드러나는 것은 멀리하고
안에 있어 보이지 않는 것을 소중하게 여긴다.

'是以聖人爲腹不爲目'에서 '爲'는 '위하다'이니 소중히 한다는 뜻이고,
'腹'은 '마음'이니 마음속에 있는 것이며, '目'은 '눈'이니 눈에 보이는 것
이다. '去彼取此'에서 '彼'는 '저것'으로 目을 가리키고, '此'는 '이것'으로
腹을 가리킨다. 따라서 눈에 보이는 것보다 마음속에 있는 것을 소중
히 한다는 뜻이다.

第十三章

욕된 일을 소중히 하기를 놀란 말처럼 하고
큰 병을 귀하게 여기기를 내 몸과 같이 하라.
왜 욕된 일을 놀란 듯이 소중히 해야 하는가?
누군가를 소중히 여기면 자신을 낮추게 된다.
그로써 그의 신임을 얻는 것은 놀라운 일이고
신임을 잃고 욕을 당하는 것도 놀라운 일이니
욕된 일도 소중히 하기를 놀란 듯이 해야 한다.
왜 큰 병을 내 몸처럼 귀하게 여겨야 하는가?
내게 큰 병이 있다는 것은 몸이 있기 때문이다.
내 몸이 없어지면 나에게 무슨 병이 있겠는가?
그러므로 천하를 내 몸처럼 아끼는 이가 있으면
그가 다스릴 수 있도록 맡겨도 좋을 듯하고
천하를 내 몸과 같이 사랑하는 사람이 있으면
그가 가질 수 있도록 주어 버려도 좋을 듯하다.

老子를 만나라

寵辱若驚, 貴大患若身. 何謂寵辱若驚? 寵爲下, 得之若驚, 失之若驚, 是謂寵辱若驚. 何謂貴大患若身? 吾所以有大患者, 爲吾有身, 及吾無身, 吾有何患? 故貴以身爲天下, 若可寄天下, 愛以身爲天下, 若可託天下.

寵辱若驚, 貴大患若身.

욕된 일을 소중히 하기를 놀란 말처럼 하고
큰 병을 귀하게 여기기를 내 몸과 같이 하라.

'寵辱若驚'에서 '寵'은 '사랑하다'이니 소중히 한다는 뜻이고, '辱'은 '욕되다'이니 욕된 일이며, '驚'은 '놀라다'로 말이 뒷발로 서서 위를 향해 놀라는 모습이다. 따라서 욕된 일을 당하면 말이 놀라듯이 하며 소중히 하라는 뜻이다. '貴大患若身'은 '患'이 '병'이므로 큰 병을 제 몸처럼 귀하게 여기라는 뜻이다.

何謂寵辱若驚?
寵爲下, 得之若驚, 失之若驚, 是謂寵辱若驚.

왜 욕된 일을 놀란 듯이 소중히 해야 하는가?
누군가를 소중히 여기면 자신을 낮추게 된다.
그로써 그의 신임을 얻는 것은 놀라운 일이고
신임을 잃고 욕을 당하는 것도 놀라운 일이니
욕된 일도 소중히 하기를 놀란 듯이 해야 한다.

‘寵爲下’는 ‘寵’이 소중히 하는 것이고 ‘下’는 ‘낮추다’이니 누군가를 소중히 여기면 자신을 낮추게 된다는 뜻이다. ‘得之若驚, 失之若驚’에서 ‘之’는 소중히 여기는 누군가를 가리킨다. 그러므로 ‘得之’는 그의 신임을 얻는 것이고, ‘失之’는 그의 신임을 잃는 것으로 욕된 일이다. 따라서 ‘是謂寵辱若驚’은 그를 소중히 여기기 때문에 그에게 신임을 잃는 욕된 일 또한 매우 소중하게 여겨야 한다는 뜻이다.

‘何謂寵辱若驚’에서 ‘寵辱’을 총애와 치욕으로 볼 수도 있으나 그렇게 풀이하면 이어지는 문장에 寵에 대한 설명만 있고 辱에 대한 설명이 없어 문맥이 자연스럽게 이어지지 않는다. 그리고 ‘貴大患若身’에서 ‘貴大患’이 大患을 귀하게 여기는 것이니 ‘寵辱若驚’에서 ‘寵辱’도 辱을 소중히 여기는 것으로 보아야 한다. 그래야 문장이 전체적으로 자연스럽고 내용도 어색하지 않다.

何謂貴大患若身?
吾所以有大患者, 爲吾有身, 及吾無身, 吾有何患?

　　　　　　　　　　　　　　　　　老子를 만나라

왜 큰 병을 내 몸처럼 귀하게 여겨야 하는가?
내게 큰 병이 있다는 것은 몸이 있기 때문이다.
내 몸이 없어지면 나에게 무슨 병이 있겠는가?

'何謂貴大患若身'에서 '貴大患若身'은 큰 병을 제 몸처럼 귀하게 여긴다는 뜻이다. 여기서 '患'을 근심이나 재앙으로 볼 수도 있으나 뒤에 몸을 나타내는 身이 있으므로 병으로 보는 것이 자연스럽다.

'吾所以有大患者, 爲吾有身'은 '所以'가 '까닭'이고 '爲'는 '되다'이니 내가 큰 병을 가지고 있는 이유는 몸을 가지고 있기 때문이라는 뜻이다. '及吾無身'은 '及'이 '미치다'이고 '無身'은 몸이 없는 것이니 내가 죽어서 사라진다는 뜻이고, '吾有何患'은 나에게 무슨 병이 있겠느냐는 말이니 병이 없다는 뜻이다. 그러므로 병도 내 몸의 한 부분이니 억지로 떨치려 하지 말고 내 몸처럼 소중히 여기며 고쳐야 한다는 노자의 가르침이다.

故貴以身爲天下, 若可寄天下, 愛以身爲天下, 若可託天下.

그러므로 천하를 내 몸처럼 아끼는 이가 있으면
그가 다스릴 수 있도록 맡겨도 좋을 듯하고
천하를 내 몸과 같이 사랑하는 사람이 있으면
그가 가질 수 있도록 주어 버려도 좋을 듯하다.

‘貴以身爲天下’는 ‘貴’가 ‘귀하게 여기다’이고 ‘爲’는 ‘위하다’이니 천하를 내 몸처럼 귀하게 여기며 보살핀다는 뜻이고, ‘若可寄天下’는 ‘若’이 ‘같다’이고 ‘寄’는 ‘맡기다’이니 천하를 맡길 수 있다는 뜻이다. ‘愛以身爲天下, 若可託天下’는 ‘愛’가 ‘사랑하다’이고 ‘託’은 ‘붙이다’로 준다는 뜻이니 천하를 내 몸처럼 사랑하며 보살피는 사람에게 천하를 줄 수 있다는 뜻이다.

보아도 보이지 않는 것을 夷라고 하고
들어도 들리지 않는 것을 希라고 하며
잡아도 잡히지 않는 것을 微라고 한다.
이 셋은 가려서 따로 나눌 수 없으니
뒤섞인 채 하나가 되어 있기 때문이다.
그 위는 밝지 않고 밑은 어둡지 않으며
사라지지 않아도 이름을 붙일 수 없고
아무것도 없는 텅 빈 상태로 돌아간다.
이것을 드러나지 않는 형상이라 하고
아무런 모양이 없어 황홀하다고 하며
앞에서 마주해도 앞모습을 볼 수 없고
뒤에서 따라가도 뒷모습을 볼 수 없다.
옛 도를 지키며 지금의 일들을 살펴보면
먼 옛날 천지의 시작을 알 수 있으니
이 세상의 모든 것은 도에서 비롯되었다.

視之不見, 名曰夷, 聽之不聞, 名曰希, 搏之不得, 名曰
微. 此三者, 不可致詰, 故混而爲一. 其上不皦, 其下不昧,
繩繩不可名, 復歸於無物. 是謂無狀之狀, 無物之狀, 是謂
恍惚. 迎之不見其首, 隨之不見其後. 執古之道, 以御今之
有, 能知古始, 是謂道紀.

視之不見, 名曰夷,
聽之不聞, 名曰希,
搏之不得, 名曰微.

보아도 보이지 않는 것을 夷라고 하고
들어도 들리지 않는 것을 希라고 하며
잡아도 잡히지 않는 것을 微라고 한다.

여기서 '之'는 모두 도를 가리킨다. '夷'는 '크다'이고, '希'는 '멀다'이며,
'微'는 '숨다'이다. 그러므로 도는 너무나 크기 때문에 그 모습을 보려고
해도 볼 수 없고, 아득한 곳에 있어 그 소리를 들으려고 해도 들을 수
없으며, 보이지 않아서 잡으려고 해도 잡을 수가 없다는 뜻이다.

　　　　　　　　　　　　　　　　老子를 만나라

此三者不可致詰, 故混而爲一.
其上不皦, 其下不昧, 繩繩不可名, 復歸於無物.

이 셋은 가려서 따로 나눌 수 없으니
뒤섞인 채 하나가 되어 있기 때문이다.
그 위는 밝지 않고 밑은 어둡지 않으며
사라지지 않아도 이름을 붙일 수 없고
아무것도 없는 텅 빈 상태로 돌아간다.

'此三者'는 夷와 希와 微를 가리킨다. '不可致詰'은 '詰'이 '따지다'이니
가려서 따로 나눌 수 없다는 뜻이고, '混而爲一'은 '混'이 '섞이다'이니
섞인 채로 하나가 되어 있다는 뜻이다.

'其上不皦, 其下不昧'에서 '其'는 도를 가리키고, '皦'는 '밝다'이며, '昧'
는 '어둡다'이다. 따라서 도는 위쪽이 밝고 아래쪽이 어두운 것이 아니
라 어느 곳이나 한결같다는 뜻이다. '繩繩不可名'에서 '繩繩'은 '繩'이
'잇다'이니 사라지지 않고 끊임없이 이어진다는 뜻이다. '復歸於無物'에
서 '復歸'는 '復'과 '歸'가 모두 '돌아가다'이니 되돌아간다는 뜻이고, '無
物'은 아무것도 없다는 뜻이니 텅 비어 있는 모습이다.

是謂無狀之狀, 無物之象, 是謂惚恍.
迎之不見其首, 隨之不見其後.

이것을 드러나지 않는 형상이라 하고
아무런 모양이 없어 황홀하다고 하며
앞에서 마주해도 앞모습을 볼 수 없고
뒤에서 따라가도 뒷모습을 볼 수 없다.

'是謂無狀之狀'에서 '無狀之狀'은 '狀'이 '형상'이니 형상이 없는 형상으로 드러나지 않는 형상이다. '無物之象'은 '物之象'이 사물의 모양이니 아무런 모양이 없다는 뜻이다. '是謂惚恍'에서 '惚'과 '恍'은 모두 황홀하다는 뜻으로 형체가 없어 분명하지 않은 모양이다.

'迎之不見其首'는 '迎'이 '맞이하다'이고 '首'는 '머리'로 앞을 뜻하니 마주해도 앞모습을 볼 수 없다는 뜻이다. '隨之不見其後'는 '隨'가 '따르다'이고 '後'는 '뒤'이니 따라가도 뒷모습을 볼 수 없다는 뜻이다.

執古之道, 以御今之有, 能知古始, 是謂道紀.

옛 도를 지키며 지금의 일들을 살펴보면
먼 옛날 천지의 시작을 알 수 있으니
이 세상의 모든 것은 도에서 비롯되었다.

'執古之道'는 '執'이 '잡다'이니 옛 도를 지킨다는 뜻이고, '以御今之有'는 '御'가 '엿보다'이고 '有'는 '있다'이니 지금 이 세상에서 일어나는 일

老子를 만나라

들을 살펴본다는 뜻이다. '能知古始'는 '始'가 '처음'이니 먼 옛날 천지가
생겨날 때를 알 수 있다는 뜻이고, '是謂道紀'는 '是'가 '古始'를 가리키
고 '紀'는 '실마리'이니 만물은 도에서 시작되었다는 뜻이다.

第十五章

먼 옛날 도를 따르며 살아간 사람들은
몹시 뛰어나 심오한 것까지 깨달았으니
그 마음속 깊은 뜻을 헤아릴 수가 없다.
그러므로 그 모습을 억지로 가늠해 보니
대비하기는 겨울에 냇물을 건너듯 하고
망설이기는 주변 사람을 어려워하듯 하며
점잖기는 마치 손님이라도 되는 듯하다.
마음이 너그럽기는 얼음이 녹는 것 같고
몸가짐이 정겹기는 통나무와 같으며
가슴이 넓기는 드넓은 골짜기와 같고
온갖 것을 받아들이기는 흐린 물과 같다.
그 누가 흐린 것을 고요하게 하여
서서히 맑아지게 할 수 있겠는가?
그 누가 가만히 있는 것을 오래도록 움직여
서서히 자라나게 할 수 있겠는가?
이와 같이 하는 사람들은 채우려고 하지 않는다.
모두를 보살필 뿐 새롭게 이루려 하지도 않는다.

老子를 만나라

古之善爲士者, 微妙玄通, 深不可識. 夫唯不可識, 故强爲之容. 豫兮若冬涉川, 猶兮若畏四隣, 儼兮其若客, 渙兮若氷之將釋, 敦兮其若樸, 曠兮其若谷, 混兮其若濁. 孰能濁以靜之徐清? 孰能安以久動之徐生? 保此道者, 不欲盈. 夫唯不盈, 故能蔽不新成.

古之善爲士者, 微妙玄通, 深不可識.

먼 옛날 도를 따르며 살아간 사람들은
몹시 뛰어나 심오한 것까지 깨달았으니
그 마음속 깊은 뜻을 헤아릴 수가 없다.

'上士, 中士, 下士'라는 말이 41장에 나온다. 뛰어난 사람, 평범한 사람, 어리석은 사람으로 풀이할 수 있다. '古之善爲士者'에서 '善爲士者'는 上士와 같이 덕을 갖추고 도를 따르며 살아간 사람으로 보아야 할 것이다.

'微妙玄通'에서 '微妙'는 '微'가 '자세하다'이고 '妙'는 '뛰어나다'이니 몹시 뛰어나다는 뜻이고, '玄通'은 '玄'이 '깊다'이고 '通'은 '깨닫다'이니 심오한 것까지 알고 있다는 뜻이다. ‘深不可識’은 ‘深’이 ‘깊이’이고 ‘識’은 ‘알다’이니 깊은 마음을 알 수 없다는 뜻이다.

夫唯不可識, 故強爲之容.
豫兮若冬涉川, 猶兮若畏四隣, 儼兮其若客,
渙兮若氷之將釋, 敦兮其若樸, 曠兮其若谷, 混兮其若濁.

그러므로 그 모습을 억지로 가늠해 보니
대비하기는 겨울에 냇물을 건너듯 하고
망설이기는 주변 사람을 어려워하듯 하며
점잖기는 마치 손님이라도 되는 듯하다.
마음이 너그럽기는 얼음이 녹는 것 같고
몸가짐이 정겹기는 통나무와 같으며
가슴이 넓기는 드넓은 골짜기와 같고
온갖 것을 받아들이기는 흐린 물과 같다.

‘夫唯不可識, 故强爲之容’에서 ‘强’은 ‘억지로’이고, ‘之’는 ‘古之善爲士者’를 가리키며, ‘容’은 ‘모양’이다. 따라서 ‘古之善爲士者’의 깊은 마음을 알 수가 없으므로 억지로 그 모습을 헤아려 본다는 뜻이다.

‘豫兮若冬涉川’에서 ‘豫’는 ‘대비하다’이니 미리 준비하는 것이고, ‘冬涉川’은 ‘涉’이 ‘건너다’이니 겨울에 냇물을 건넌다는 뜻이다. ‘猶兮若畏

          老子를 만나라

四鄰'에서 '猶'는 '머뭇거리다'이니 망설이는 것이고, '畏四鄰'은 '畏'가 '꺼리다'이고 '鄰'은 '이웃'이니 주변에 있는 사람들을 어려워한다는 뜻이다.

'儼兮其若客'에서 '儼'은 '의젓하다'이니 말과 행동이 점잖다는 뜻이고, '客'은 '손님'이다. '渙兮若冰之將釋'에서 '渙'은 '풀리다'이니 마음이 너그럽다는 뜻이고, '若冰之將釋'은 '將'이 '장차'이고 '釋'은 '녹다'이니 얼음이 녹는 것 같다는 뜻이다.

'敦兮其若樸'에서 '敦'은 '도탑다'이니 몸가짐이 정겹다는 뜻이고, '樸'은 '통나무'이다. '曠兮其若谷'에서 '曠'은 '넓다'이니 가슴이 넓다는 뜻이고, '谷'은 '골짜기'이다. '混兮其若濁'에서 '混'은 '섞이다'이니 온갖 것을 받아들인다는 뜻이고, '濁'은 '흐리다'이니 흐린 물이다.

孰能濁以靜之徐淸?
孰能安以久動之徐生?

그 누가 흐린 것을 고요하게 하여
서서히 맑아지게 할 수 있겠는가?
그 누가 가만히 있는 것을 오래도록 움직여
서서히 자라나게 할 수 있겠는가?

'孰能濁以靜之徐淸'에서 '孰'은 '누구'이고, '濁以靜之'는 '之'가 濁을 가

리키니 흐린 것을 고요하게 한다는 뜻이다. '徐淸'은 '徐'가 '천천하다'이고 '淸'은 '맑다'이니 서서히 맑아지는 것이다.

'孰能安以久動之徐生'에서 '安以久動之'는 '安'이 '편안하다'이고 '之'는 安을 가리키니 가만히 있는 것을 오래도록 움직인다는 뜻이다. '徐生'은 '生'이 '자라다'이니 서서히 자라나는 것이다.

保此道者, 不欲盈.
夫唯不盈, 故能蔽不新成.

이와 같이 하는 사람들은 채우려고 하지 않는다.
모두를 보살필 뿐 새롭게 이루려 하지도 않는다.

'保此道者, 不欲盈'에서 '保此道者'는 위에 나온 '古之善爲士者'와 같은 사람이고, '不欲盈'은 '盈'이 '채우다'이니 더 가지려고 하지 않는다는 뜻이다.

'夫唯不盈, 故能蔽不新成'에서 '蔽'는 '덮다'이니 보살핀다는 뜻이고, '不新成'은 '新'이 '새롭게 하다'이니 새로운 것을 이루려고 하지 않는다는 뜻이다.

     老子를 만나라

第十六章

한없이 비우고 고요함을 더하여
만물이 아울러 생겨났으나
우리는 그것들이 되돌아가는 것을 본다.
만물은 생겨나서 다 자라나면
모두가 처음으로 되돌아간다.
처음으로 돌아간 것은 고요해지니
이를 일러 천성을 따른다고 한다.
천성을 따르는 것을 참답다고 하고
참다움을 아는 것을 밝다고 한다.
참다움을 모르면 헛되이 흉한 짓을 하고
참다움을 알면 모든 것을 받아들인다.
모든 것을 받아들이면 치우치지 않고
치우침이 없으면 모두를 다스릴 수 있다.
모두를 다스리는 것은 하늘이고
하늘은 곧 도이고 도는 영원하니
도를 따르면 죽는 날까지 위태롭지 않다.

致虛極, 守靜篤, 萬物竝作, 吾以觀復. 夫物芸芸, 各復歸其根. 歸根曰靜, 是謂復命. 復命曰常, 知常曰明. 不知常, 妄作凶, 知常容. 容乃公, 公乃王, 王乃天, 天乃道, 道乃久, 沒身不殆.

致虛極, 守靜篤, 萬物竝作, 吾以觀復.

한없이 비우고 고요함을 더하여
만물이 아울러 생겨났으나
우리는 그것들이 되돌아가는 것을 본다.

'致虛極'은 '虛'가 '비우다'이고 '極'은 '다하다'이니 남김없이 비운다는 뜻이다. '守靜篤'은 '靜'이 '고요하다'이고 '篤'은 '두터이 하다'이니 한없이 고요히 한다는 뜻이다. 그러므로 '致虛極, 守靜篤'은 도가 만물을 낳을 때 움직이는 모습이다. '萬物竝作, 吾以觀復'에서 '竝作'은 '竝'이 '함께하다'이니 함께 생겨났다는 뜻이고, '觀復'은 '復'이 '돌아가다'이니 처음으로 되돌아가는 것을 알 수 있다는 뜻이다.

老子를 만나라

夫物芸芸, 各復歸其根.

歸根曰靜, 是謂復命.

復命曰常, 知常曰明.

만물은 생겨나서 다 자라나면

모두가 처음으로 되돌아간다.

처음으로 돌아간 것은 고요해지니

이를 일러 천성을 따른다고 한다.

천성을 따르는 것을 참답다고 하고

참다움을 아는 것을 밝다고 한다.

‘夫物芸芸’에서 ‘芸芸’은 ‘芸’이 ‘많다’이니 다 자라나 무성해진 모습이다. ‘各復歸其根’은 ‘各’이 ‘모두’이고 ‘根’은 ‘뿌리’이니 모두가 자신이 생겨난 처음으로 되돌아간다는 뜻이다.

‘歸根曰靜, 是謂復命’에서 ‘靜’은 ‘고요하다’이니 고요해진다는 뜻이고, ‘復命’은 ‘命’이 ‘천성’이니 타고난 본성을 따른다는 뜻이다. ‘復命曰常, 知常曰明’에서 ‘常’은 ‘영원하다, 일정하다’이니 참답다는 뜻이고, ‘明’은 ‘밝다’이니 밝아지는 것으로 도를 따르게 된다는 뜻이다.

不知常, 妄作凶, 知常容.

容乃公, 公乃王, 王乃天, 天乃道, 道乃久, 沒身不殆.

참다움을 모르면 헛되이 흉한 짓을 하고
참다움을 알면 모든 것을 받아들인다.
모든 것을 받아들이면 치우치지 않고
치우침이 없으면 모두를 다스릴 수 있다.
모두를 다스리는 것은 하늘이고
하늘은 곧 도이고 도는 영원하니
도를 따르면 죽는 날까지 위태롭지 않다.

'不知常, 妄作凶'에서 '妄作凶'은 '妄'이 '헛되다'이고 '凶'은 '흉하다'이니 헛되이 흉한 짓을 한다는 뜻이고, '知常容'에서 '容'은 '받아들이다'이니 모든 것을 너그럽게 끌어안는다는 뜻이다.

'容乃公, 公乃王, 王乃天, 天乃道, 道乃久'에서 '公'은 '공평하다'이니 치우치지 않는다는 뜻이고, '王'은 '바로잡다'이니 다스린다는 뜻이며, '久'는 '오래다'이니 영원하다는 뜻이다. '沒身不殆'는 '沒'이 '죽다'이고 '殆'는 '위태하다'이니 죽는 날까지 위태로운 일이 생기지 않는다는 뜻이다.

老子를 만나라

第十七章

최상의 군주는 백성들이 그를 알 뿐이고

그다음 군주는 백성들이 친히 여겨 받들고

그다음 군주는 백성들이 두려워하고

그다음 군주는 백성들이 업신여긴다.

믿음을 주지 못하면 불신이 따르기 마련이니

최상의 군주는 한가롭게 지내며 말을 아낀다.

그러나 공과 일은 저절로 이루어지고

백성은 모두 자기가 스스로 이루었다고 말한다.

太上下知有之, 其次親而譽之, 其次畏之, 其次侮之. 信不
足焉, 有不信焉. 悠兮其貴言, 功成事遂, 百姓皆謂我自然.

太上下知有之, 其次親而譽之,
其次畏之, 其次侮之.

최상의 군주는 백성들이 그를 알 뿐이고
그다음 군주는 백성들이 친히 여겨 받들고
그다음 군주는 백성들이 두려워하고
그다음 군주는 백성들이 업신여긴다.

'太上'은 '太'가 '첫째'이고 '上'은 '군주'이니 가장 뛰어난 군주이다. '下知有之'는 '下'가 '백성'이고 '之'는 '太上'을 가리키니 백성들이 太上이 있다는 것만 안다는 뜻이다. '其次'는 '次'가 '다음'이니 그보다 뛰어나지 못한 그다음의 군주이고, '親而譽之'는 '親'이 '친하다'이고 '譽'가 '기리다'이니 그를 가까이하며 받든다는 뜻이다. '其次畏之'에서 '畏'는 '두려워하다'이고, '其次侮之'에서 '侮'는 '업신여기다'이다.

信不足焉, 有不信焉.
悠兮其貴言, 功成事遂, 百姓皆謂我自然.

믿음을 주지 못하면 불신이 따르기 마련이니

老子를 만나라

최상의 군주는 한가롭게 지내며 말을 아낀다.
그러나 공과 일은 저절로 이루어지고
백성은 모두 자기가 스스로 이루었다고 말한다.

'信不足焉'은 '信'이 '믿음'이고 '焉'은 '於之'이니 믿을 수 있는 것이 그에게 부족하다는 말이고, '有不信焉'은 믿을 수 없는 것이 그에게 있다는 말이다. 그러므로 '信不足焉, 有不信焉'은 군주가 백성들에게 믿음을 주지 못하면 백성들은 군주를 믿지 않는다는 뜻이다.

'悠兮其貴言'에서 '悠'는 '한가롭다'이고 '其'는 太上을 가리킨다. 따라서 최상의 군주는 한가롭게 지내며 말을 아낀다는 뜻이다. 노자는 5장에서 '多言數窮'이라고 했다. 말이 많으면 자주 어려움에 빠진다는 뜻이다. 많은 말을 하다 보면 어려운 지경에 빠지기 쉬우니 최상의 군주는 한가롭게 지내며 말을 아끼는 것이다.

'功成事遂'는 '成'과 '遂'가 모두 '이루다'이니 공과 일이 이루어진다는 뜻이고, '百姓皆謂我自然'은 '自然'이 '스스로 그러하다'이니 백성이 모두 자기의 힘으로 스스로 공과 일을 이루었다고 말한다는 뜻이다.

第十八章

대도가 무너지면 인과 의가 생겨나고
지혜가 드러나면 큰 거짓이 나타난다.
육친이 멀어지면 효와 자가 생겨나고
나라가 어지러워지면 충신이 나타난다.

大道廢有仁義, 慧智出有大僞. 六親不和有孝慈, 國家昏
亂有忠臣.

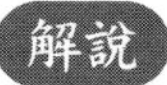

大道廢有仁義, 慧智出有大僞.

대도가 무너지면 인과 의가 생겨나고
지혜가 드러나면 큰 거짓이 나타난다.

'大道廢'에서 '廢'는 '무너지다'이고, '有仁義'에서 '有'는 생겨난다는 뜻
이다. 노자가 생각해 낸 도는 그에게 세상에서 가장 높은 가치이다. 도
가 천하에 펼쳐지면 모든 것은 바른길로 나아가고, 도가 무너지면 새
로운 가치인 그보다 못한 무언가가 생겨난다. 노자는 그것을 仁과 義
로 보았다.

'慧智出'에서 '慧智'는 지혜이고 '出'은 '드러나다'이며, '有大僞'에서 '大
僞'는 '僞'가 '거짓'이니 큰 거짓이다. 모든 것은 상대가 있기 마련이다.
누군가가 지혜를 드러내면 그와 맞설 또 다른 무언가가 나타난다. 그
것이 곧 大僞이다.

六親不和有孝慈, 國家昏亂有忠臣.

육친이 멀어지면 효와 자가 생겨나고
나라가 어지러워지면 충신이 나타난다.

'六親不和'에서 '六親'은 부모·형제·처자를 가리키고, '不和'는 '和'가 '화목하다'이니 화목하지 못하다는 뜻이다. '有孝慈'에서 '孝'는 부모를 섬기는 일이고, '慈'는 자식에 대한 사랑이다. 육친이 화목하게 지내지 못하는 것은 仁과 義가 무너졌기 때문이다. 따라서 仁과 義를 억지로 돌이키기 위해 그보다 못한 孝와 慈라는 禮가 생겨나는 것이다.

'國家昏亂'은 '昏'이 '어둡다'이고, '亂'은 '어지럽다'이니 나라가 위험에 빠졌다는 뜻이고, '有忠臣'은 '忠'이 '충성스럽다'이고 '臣'은 '신하'이니 충성스러운 신하가 나타난다는 뜻이다. 국가가 안정되고 백성이 편안하면 굳이 충성스러운 신하가 있을 필요가 없다. 그러나 국가가 위태로우면 충신이 나타나니 그것이 곧 세상의 이치이고 자연의 법칙이다.

38장에 '失道而後德, 失德而後仁, 失仁而後義, 失義而後禮'라는 말이 나온다. 道를 잃고 난 뒤에 德이 생겨나고, 德을 잃고 난 뒤에 仁이 생겨나며, 仁을 잃고 난 뒤에 義가 생겨나고, 義를 잃고 난 뒤에 禮가 생겨난다는 뜻이다. '夫禮者, 忠信之薄, 而亂之首'라는 말이 뒤에 이어진다. 禮는 정성과 믿음이 부족해 생겨난 것으로 어지러움의 시작이라는 뜻이다.

老子를 만나라

第十九章

성인을 멀리하고 지혜를 버리면
백성의 이익은 백배로 늘어난다.
인자를 멀리하고 의리를 버리면
백성은 다시 효도하고 사랑한다.
교인을 멀리하고 편의를 버리면
훔치고 해치는 사람들이 사라진다.
이 세 마디로는 충분하지 않으니
여기에 덧붙여야 할 말들이 있다.
마음을 살피고 순박하게 살아가라.
사심을 없애고 욕심을 부리지 마라.

絶聖棄智, 民利百倍. 絶仁棄義, 民復孝慈. 絶巧棄利, 盜
賊無有. 此三者以爲文不足, 故令有所屬. 見素抱樸, 少私
寡欲.

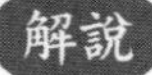

絶聖棄智, 民利百倍.

성인을 멀리하고 지혜를 버리면
백성의 이익은 백배로 늘어난다.

'絶聖棄智'에서 '絶聖'은 '絶'이 '끊다'이고 '聖'은 '성인'이니 성인과의 관계를 끊는 것이고, '棄智'는 '棄'가 '버리다'이고 '智'는 '지혜'이니 지혜를 버리는 것이다. '民利百倍'는 '利'가 '이익'이고 '百倍'는 백 곱절이니 백성이 훨씬 더 잘살게 된다는 뜻이다. 그러므로 군주가 백성을 잘살게 하려면 성인의 지혜마저 버리고 도를 따르며 無爲로 다스려야 한다는 가르침이다.

65장에 '以智治國, 國之賊, 不以智治國, 國之福'이라는 말이 나온다. 지혜로 나라를 다스리면 나라에 해가 되고 지혜로 나라를 다스리지 않으면 나라에 복이 된다는 뜻이다.

絶仁棄義, 民復孝慈.

인자를 멀리하고 의리를 버리면
백성은 다시 효도하고 사랑한다.

老子를 만나라

‘絶仁棄義’는 ‘仁’이 ‘仁者’이고 ‘義’는 ‘義理’이니 어진 사람을 멀리하고 의리를 버리라는 것이고, ‘民復孝慈’는 ‘復’이 ‘되돌리다’이니 백성이 孝와 慈를 돌이킨다는 뜻이다. 따라서 군주가 仁者의 가르침인 의리를 버리고 도를 따르면 백성은 다시 효도하고 사랑하게 된다는 뜻이다.

絶巧棄利, 盜賊無有.

교인을 멀리하고 편의를 버리면
훔치고 해치는 사람들이 사라진다.

‘絶巧棄利’에서 ‘巧’는 ‘재주’이니 재주 좋은 사람으로 巧人을 뜻하고, ‘棄利’는 ‘利’가 ‘편리하다’이니 편리한 것을 가까이하지 말라는 뜻이다. ‘盜賊無有’에서 ‘盜賊’은 ‘盜’가 ‘훔치다’이고 ‘賊’은 ‘해치다’이니 훔치고 해치는 사람들이고, ‘無有’는 생겨나지 않는다는 뜻이다.

此三者以爲文不足, 故令有所屬.
見素抱樸, 少私寡欲.

이 세 마디로는 충분하지 않으니
여기에 덧붙여야 할 말들이 있다.
마음을 살피고 순박하게 살아가라.

사심을 없애고 욕심을 부리지 마라.

　‘此三者以爲文不足’에서 ‘此三者’는 위에서 말한 세 가지이고, ‘文不足’은 글이 부족하다는 것이니 그러한 말로는 충분하지 않다는 뜻이다. ‘故令有所屬’에서 ‘所屬’은 ‘屬’이 ‘잇다’이니 이어야 할 것으로 덧붙일 말들이다.

　‘見素抱樸’에서 ‘見素’는 ‘見’이 ‘보다’이고 ‘素’는 ‘바탕’이니 마음을 살피는 것이고, ‘抱樸’은 ‘抱’가 ‘지키다’이고 ‘樸’은 ‘순박하다’이니 순박함을 지키는 것이다. 따라서 마음을 살피며 순박하게 살아가라는 뜻이다. ‘少私寡欲’은 ‘少’와 ‘寡’가 모두 ‘적다’이니 사심과 욕심을 줄이라는 뜻이다.

老子를 만나라

第二十章

배우려고 하지 않으면 근심이 사라진다.

공손한 대답과 불손한 대답은 무슨 차이가 있고

좋다는 말과 싫다는 말은 무엇이 다른가?

남들이 어려워하는 것을 어려워하지 않을 수 없으나

너무도 분명치 않아 무엇이 다른지 알 수가 없구나!

사람들은 기쁜 마음으로 큰 제사를 지내듯이 하고

봄날을 즐기기 위해 높은 누각에 오른 것처럼 하는데

나만 홀로 남겨져 그럴 기미조차도 없으니

아직 웃지도 못하는 갓난아이와 같고

너무나도 지쳐 돌아갈 곳마저 모르는 것 같구나!

사람들은 모두 여유로운데 나만 외로이 남겨진 듯하니

내 마음은 어리석은 사람의 마음인가, 어둡기 그지없구나!

사람들은 세상살이에 매우 밝은데 나만 홀로 어리숙하고

살피고 살펴 잘도 아는데 나만 어둠 속에서 헤매니

출렁거리는 바다와 같고 멈추지 않는 높은 바람과도 같다.

사람들은 다 제 할 일을 하는데 나만 미련한 촌뜨기처럼

남과 달리 혼자서 만물을 기르는 어머니를 소중히 여기네.

絕學無憂. 唯之與阿, 相去幾何? 善之與惡, 相去若何? 人之所畏, 不可不畏, 荒兮其未央哉! 衆人熙熙, 如享太牢, 如春登臺. 我獨泊兮其未兆, 如嬰兒之未孩, 儽儽兮若無所歸. 衆人皆有餘, 而我獨若遺. 我愚人之心也哉! 沌沌兮! 俗人昭昭, 我獨昏昏, 俗人察察, 我獨悶悶. 澹兮其若海, 飂兮若無止. 衆人皆有以, 而我獨頑似鄙, 我獨異於人, 而貴食母.

絕學無憂. 唯之與阿, 相去幾何?
善之與惡, 相去若何?
人之所畏, 不可不畏, 荒兮其未央哉!

배우려고 하지 않으면 근심이 사라진다.
공손한 대답과 불손한 대답은 무슨 차이가 있고
좋다는 말과 싫다는 말은 무엇이 다른가?
남들이 어려워하는 것을 어려워하지 않을 수 없으나
너무도 분명치 않아 무엇이 다른지 알 수가 없구나!

老子를 만나라

‘絶學無憂’에서 ‘絶學’은 배움을 멈추는 것이고, ‘無憂’는 근심이 없어 진다는 뜻이다. ‘爲學日益, 爲道日損’이라는 말이 48장에 나온다. 뭔가를 배우면 날마다 얻는 것이 있고 도를 따르면 날마다 버리는 것이 있다는 뜻이다. ‘損之又損, 以至於無爲’라는 말이 이어진다. 버리고 또 버리면 無爲에 이른다는 뜻이다. 따라서 ‘絶學無憂’는 배움을 멈추고 도를 따르면 無爲에 이르게 되어 근심이 사라진다는 뜻이다.

‘唯之與阿’에서 ‘唯’는 공손하게 대답하는 소리이고, ‘阿’는 불손하게 대답하는 소리이다. ‘之’는 대명사로 정해지지 않은 것을 가리키고, ‘與’는 ‘~와’로 ‘唯’와 ‘阿’를 이어 주는 접속사이다. ‘相去幾何’에서 ‘相’은 ‘서로’이고, ‘去’는 ‘떨어지다’이며, ‘幾’와 ‘何’는 모두 ‘얼마’이다. 따라서 서로가 얼마나 차이가 있느냐는 말이니 무엇이 다른지 알 수 없다는 뜻이다. ‘善之與惡’는 ‘善’이 ‘좋다’이고 ‘惡’는 ‘싫다’이니 ‘좋다’라고 하는 말과 ‘싫다’라고 하는 말이고, ‘相去若何’는 ‘相去幾何’와 같은 뜻이다.

‘人之所畏, 不可不畏’는 ‘畏’가 ‘꺼리다’로 어려워하는 것이니 사람들이 어려워하는 것을 같이 어려워한다는 뜻이다. ‘荒兮其未央哉’에서 ‘荒’은 ‘흐릿하다’이니 분명하지 않다는 뜻이고, ‘未央’은 ‘央’이 ‘가운데’이니 가운데를 정하여 구분할 수 없다는 뜻이며, ‘哉’는 감탄을 나타내는 어조사이다.

衆人熙熙, 如享太牢, 如春登臺.
我獨泊兮其未兆, 如嬰兒之未孩, 儽儽兮若無所歸.

사람들은 기쁜 마음으로 큰 제사를 지내듯이 하고

봄날을 즐기기 위해 높은 누각에 오른 것처럼 하는데

나만 홀로 남겨져 그럴 기미조차도 없으니

아직 웃지도 못하는 갓난아이와 같고

너무나도 지쳐 돌아갈 곳마저 모르는 것 같구나!

'衆人熙熙'에서 '熙'는 '기뻐하다'이니 '熙熙'는 몹시 기뻐하는 모습이다. '如享太牢'는 '享'이 '바치다'이고 '太牢'가 나라에서 제사를 지낼 때 통째로 바치던 소이니 큰 제사를 지내듯이 한다는 뜻이다. '如春登臺'는 '登'이 '오르다'이고 '臺'가 '누대'이므로 봄날을 즐기기 위해 높은 누각에 오른 것처럼 한다는 뜻이다.

'我獨泊兮其未兆'에서 '我獨泊兮'는 '泊'이 '머무르다'이니 나만 홀로 남겨졌다는 것이고, '未兆'는 '兆'가 '조짐'이니 아직 아무런 조짐이 없다는 뜻이다. '如嬰兒之未孩'에서 '嬰兒'는 '갓난아이'이고, '未孩'는 '孩'가 '웃다'이니 아직 웃지도 못한다는 뜻이다. '儽儽兮若無所歸'에서 '儽儽兮'는 '儽'가 '고달프다'이니 몹시 지쳤다는 것이고, '無所歸'는 '歸'가 '돌아가다'이니 되돌아갈 곳을 모른다는 뜻이다.

衆人皆有餘, 而我獨若遺.
我愚人之心也哉! 沌沌兮!

老子를 만나라

사람들은 모두 여유로운데 나만 외로이 남겨진 듯하니
내 마음은 어리석은 사람의 마음인가, 어둡기 그지없구나!

‘衆人皆有餘’에서 ‘有餘’는 ‘餘’가 ‘넉넉하다’이니 여유롭다는 뜻이고,
‘而我獨若遺’에서 ‘若遺’는 ‘遺’가 ‘남다’이니 남겨진 듯하다는 뜻이다.
　‘我愚人之心也哉’에서 ‘愚人之心’은 ‘愚’가 ‘어리석다’이니 어리석은 사
람의 마음이고, ‘沌沌兮’는 ‘沌’이 ‘어둡다’이니 마음이 몹시 어둡다는 뜻
이다.

俗人昭昭, 我獨昏昏, 俗人察察, 我獨悶悶.
澹兮其若海, 飂兮若無止.

사람들은 세상살이에 매우 밝은데 나만 홀로 어리숙하고
살피고 살펴 잘도 아는데 나만 어둠 속에서 헤매니
출렁거리는 바다와 같고 멈추지 않는 높은 바람과도 같다.

‘俗人昭昭’는 ‘昭’가 ‘밝다’이니 사람들은 세상살이에 매우 밝다는 뜻
이고, ‘我獨昏昏’은 ‘昏’이 ‘어리석다’이니 나만 홀로 매우 어리석다는 뜻
이다. ‘俗人察察, 我獨悶悶’에서 ‘察察’은 ‘察’이 ‘살피다’이니 몹시 살핀
다는 뜻이고, ‘悶悶’은 ‘悶’이 ‘어둡다’이니 몹시 어둡다는 뜻이다.
　‘澹兮其若海’는 ‘澹’이 물이 출렁이는 모양이니 출렁거리는 바다와 같

다는 뜻이고, '飂兮若無止'는 '飂'가 높이 부는 바람이고 '止'는 '멈추다'
이니 높은 곳에서 부는 바람처럼 멈추지 않는 것 같다는 뜻이다.

　　衆人皆有以, 而我獨頑似鄙, 我獨異於人, 而貴食母.

　　사람들은 다 제 할 일을 하는데 나만 미련한 촌뜨기처럼
　　남과 달리 혼자서 만물을 기르는 어머니를 소중히 여기네.

　'衆人皆有以'는 '以'가 '하다'이니 사람들은 모두 자기가 할 일을 한다
는 뜻이다. '而我獨頑似鄙'에서 '頑'은 '미련하다'이니 어리석고 둔해 세
상일에 밝지 못하다는 뜻이고, '似鄙'는 '鄙'가 '촌스럽다'이니 촌사람 같
다는 뜻이다. '貴食母'는 '食'가 '기르다'이니 기르는 어머니를 귀하게 여
기는 것으로 만물을 길러 주는 도를 소중히 한다는 뜻이다.

　　　　　　　　　　　　　　　　　　　　老子를 만나라

第二十一章

크나큰 덕은 오직 도를 따를 뿐이다.
도라고 이르는 것은 오로지 황홀하다.
황홀하니 그 안에서 형상이 생겨나고
황홀하니 그 안에서 만물이 생겨난다.
고요하고 그윽하니 그곳에 정기가 있고
그 정기는 매우 참되니 의지할 수 있다.
예로부터 지금까지 그 이름 그대로이고
천하의 모든 것은 그곳에서 비롯되었다.
내 어찌하여 만물의 시작을 알겠는가?
이것, 도를 따르며 살아가기 때문이다.

孔德之容, 惟道是從. 道之爲物, 惟恍惟惚. 惚兮恍兮, 其中有象, 恍兮惚兮, 其中有物. 窈兮冥兮, 其中有精, 其精甚眞, 其中有信. 自古及今, 其名不去, 以閱衆甫. 吾何以知衆甫之狀哉? 以此.

孔德之容, 惟道是從.
道之爲物, 惟恍惟惚.

크나큰 덕은 오직 도를 따를 뿐이다.
도라고 이르는 것은 오로지 황홀하다.

'孔德之容'에서 '孔德'은 '孔'이 '크다'이니 큰 덕이고, '容'은 '모양'으로
베푸는 모습을 뜻한다. '生而不有, 爲而不恃, 長而不宰'라는 말이 10장
에서 나왔다. 도가 만물을 낳은 뒤에 기르면서 하는 일로 노자는 이를
玄德이라고 했다. 玄德은 도가 만물을 위해 베푸는 한없이 큰 덕이므
로 孔德은 玄德으로 보아야 할 것이다. '惟道是從'에서 '惟'는 '오직'이
고, '是'는 도를 가리킨다. 그러므로 '孔德之容, 惟道是從'은 큰 덕은 오
직 도가 만물을 대하듯이 덕을 베푼다는 뜻이다.
　'道之爲物, 惟恍惟惚'에서 '道之爲物'은 '爲物'이 생긴 모양을 뜻하니
도의 본질이고, '惟恍惟惚'은 '恍'과 '惚'이 모두 '황홀하다'이니 몹시 황
홀하다는 뜻이다. '恍惚'은 이미 14장에서 나왔다. 형체가 없어 분명하
지 않은 모습이다.

惚兮恍兮, 其中有象, 恍兮惚兮, 其中有物.
窈兮冥兮, 其中有精, 其精甚眞, 其中有信.

황홀하니 그 안에서 형상이 생겨나고
황홀하니 그 안에서 만물이 생겨난다.
고요하고 그윽하니 그곳에 정기가 있고
그 정기는 매우 참되니 의지할 수 있다.

'惚兮恍兮'와 '恍兮惚兮'는 모두 한없이 황홀하다는 뜻이다. '其中有象'에서 '有象'은 형상이 생겨난다는 뜻이고, '其中有物'에서 '有物'은 만물이 생겨난다는 뜻이다.

'窈兮冥兮'에서 '窈'는 '고요하다'이고 '冥'은 '그윽하다'이며, '其中有精'에서 '精'은 '정기'로 만물을 생겨나게 하는 기운이다. '其精甚眞'에서 '甚眞'은 '甚'이 '몹시'이고 '眞'이 '참되다'이니 매우 참되다는 뜻이고, '其中有信'에서 '有信'은 '信'이 '맡기다'이니 의지할 수 있다는 뜻이다.

自古及今, 其名不去, 以閱衆甫.
吾何以知衆甫之狀哉? 以此.

예로부터 지금까지 그 이름 그대로이고
천하의 모든 것은 그곳에서 비롯되었다.

내 어찌하여 만물의 시작을 알겠는가?

이것, 도를 따르며 살아가기 때문이다.

'自古及今'은 '自'가 '~로부터'이고 '及'은 '이르다'이니 '예로부터 지금까지'이고, '其名不去'는 '去'가 '떠나다'이니 이름이 변하지 않고 언제나 그대로라는 뜻이다. '以閱衆甫'에서 '閱'은 '보다'이니 알 수 있다는 뜻이고, '衆甫'는 '衆'이 만물을 뜻하고 '甫'는 '비롯하다'이니 만물의 시작이다.

'吾何以知衆甫之狀哉'에서 '衆甫之狀'은 '狀'이 '형상'이니 만물이 처음 생겨나는 모습이고, '哉'는 의문을 나타내는 어조사이다. '以此'는 '以'가 '하다'이고 '此'는 도를 가리키니 도를 따르며 살아가기 때문이라는 뜻이다.

老子를 만나라

第二十二章

그릇된 것은 바르게 되고 굽은 것은 곧아지고
우묵한 곳은 채워지고 해진 곳은 새로워지며
적으면 얻게 되고 많으면 마음이 어지러워진다.
이에 성인은 하나를 품고 천하의 거울이 된다.
스스로 나타내지 않으므로 뚜렷이 드러나고
스스로 옳다고 하지 않으므로 환히 밝혀지고
스스로 이루었다고 하지 않으므로 공이 있고
스스로 자랑하지 않으므로 오래도록 자리한다.
그리하여 사람들과 다툴 일이 생기지 않으니
천하의 어느 누구도 그와는 다툴 수가 없다.
예로부터 그릇된 것은 바르게 된다고 했으니
어찌 헛된 말이겠는가!
만물은 반드시 바르게 되고 처음으로 되돌아간다.

曲則全, 枉則直, 窪則盈, 弊則新, 少則得, 多則惑. 是以
聖人抱一爲天下式. 不自見故明, 不自是故彰, 不自伐故
有功, 不自矜故長. 夫唯不爭, 故天下莫能與之爭. 古之所
謂曲則全者, 豈虛言哉! 誠全而歸之.

曲則全, 枉則直, 窪則盈, 弊則新, 少則得, 多則惑.
是以聖人抱一爲天下式.

그릇된 것은 바르게 되고 굽은 것은 곧아지고
우묵한 곳은 채워지고 해진 곳은 새로워지며
적으면 얻게 되고 많으면 마음이 어지러워진다.
이에 성인은 하나를 품고 천하의 거울이 된다.

‘曲則全’에서 ‘曲’은 ‘옳지 않다’이니 그릇된 것이고, ‘全’은 ‘온전하다’
이니 바르게 된다는 뜻이다. ‘枉則直’에서 ‘枉’은 ‘굽다’이니 굽은 것이
고, ‘直’은 ‘곧다’이니 곧아진다는 뜻이다. ‘窪則盈’에서 ‘窪’는 ‘우묵하다’
이고 ‘盈’은 ‘차다’이며, ‘弊則新’에서 ‘弊’는 ‘해지다’이고 ‘新’은 ‘새로워지
다’이다. ‘少則得’에서 ‘少’는 ‘적어지다’이고 ‘得’은 ‘얻다’이며, ‘多則惑’에
서 ‘多’는 ‘많다’이고 ‘惑’은 ‘마음이 어지럽다’이다.
 ‘是以聖人抱一爲天下式’에서 ‘聖人抱一’은 ‘抱’가 ‘품다’이고 ‘一’은 도
를 뜻하니 성인은 도를 지킨다는 뜻이고, ‘爲天下式’은 ‘式’이 ‘본받다’이
니 세상의 본보기가 된다는 뜻이다.

老子를 만나라

不自見故明, 不自是故彰, 不自伐故有功, 不自矜故長.

스스로 나타내지 않으므로 뚜렷이 드러나고
스스로 옳다고 하지 않으므로 환히 밝혀지고
스스로 이루었다고 하지 않으므로 공이 있고
스스로 자랑하지 않으므로 오래도록 자리한다.

'不自見故明'에서 '不自見'은 '見'이 '나타내다'이니 스스로 나타내지 않는 것이고, '明'은 '밝다'이니 밝게 드러난다는 뜻이다. '不自是故彰'에서 '不自是'는 '是'가 '옳다'이니 스스로 옳다고 하지 않는 것이고, '彰'은 '나타나다'이니 밝혀진다는 뜻이다. '不自伐故有功'에서 '不自伐'은 '伐'이 '치다'이니 스스로 이루었다고 하지 않는 것이고, '有功'은 공이 있다는 뜻이다. '不自矜故長'에서 '不自矜'은 '矜'이 '자랑하다'이니 스스로 자랑하지 않는 것이고, '長'은 '오래다'이니 오래도록 성인의 자리를 지킨다는 뜻이다.

夫唯不爭, 故天下莫能與之爭.

그리하여 사람들과 다툴 일이 생기지 않으니
천하의 어느 누구도 그와는 다툴 수가 없다.

'夫唯不爭'에서 '不爭'은 '爭'이 '다투다'이니 다툴 일을 만들지 않는다는 뜻이고, '故天下莫能與之爭'에서 '天下'는 천하의 사람들이고 '之'는 성인을 가리킨다. 그러므로 성인은 세상 사람들과 다툴 일을 만들지 않기 때문에 아무도 그와 다툴 수 없다는 뜻이다.

古之所謂曲則全者, 豈虛言哉!
誠全而歸之.

예로부터 그릇된 것은 바르게 된다고 했으니
어찌 헛된 말이겠는가!
만물은 반드시 바르게 되고 처음으로 되돌아간다.

'古之所謂曲則全者, 豈虛言哉'에서 '曲則全'은 그릇된 것은 바르게 된다는 뜻이고, '豈'는 '어찌'이며, '虛言'은 '虛'가 '헛되다'이니 헛된 말이다. '誠全而歸之'에서 '誠'은 '진실로'이고 '全'은 '온전히 하다'이며, '歸'는 '돌아가다'이고 '之'는 대명사로 처음을 가리킨다. 따라서 만물은 반드시 바르게 되고 처음의 상태로 되돌아간다는 뜻이다.

老子를 만나라

第二十三章

지나간 말은 들을 수 없으니 저절로 그리된다.
그처럼 회오리바람은 아침 내내 불지 않고
소낙비도 온종일 쏟아져 내리지는 않는다.
누가 이것들을 만들었는가, 바로 천지이다.
천지가 하는 일도 오래갈 수가 없는데
하물며 사람이 하는 것이야 어떠하겠는가?
그러므로 도를 따르는 일에 힘써야 하니
도를 따르는 사람은 도와 하나가 된다.
덕을 쌓는 사람은 덕과 하나가 되고
허물을 만드는 사람은 허물과 하나가 된다.
도와 하나가 되면 도 또한 그를 만나 좋아하고
덕과 하나가 되면 덕 또한 그를 만나 좋아하며
허물과 하나가 되면 허물 또한 그를 만나 좋아한다.
믿음을 가지지 못하면 불신은 생겨나기 마련이다.

希言自然, 故飄風不終朝, 驟雨不終日. 孰爲此者? 天地. 天地尙不能久, 而況於人乎? 故從事於道者, 道者同於道, 德者同於德, 失者同於失. 同於道者, 道亦樂得之, 同於德者, 德亦樂得之, 同於失者, 失亦樂得之. 信不足焉, 有不信焉.

希言自然, 故飄風不終朝, 驟雨不終日.

지나간 말은 들을 수 없으니 저절로 그리된다.
그처럼 회오리바람은 아침 내내 불지 않고
소낙비도 온종일 쏟아져 내리지는 않는다.

노자는 14장에서 들어도 들리지 않는 것을 希라고 했다. 그러므로 '希言自然'에서 '希言'은 들으려 해도 들을 수 없는 이미 지나간 말이고, '自然'은 '自'가 '저절로'이고 '然'은 '그러하다'이니 저절로 그렇게 된다는 뜻이다.

'飄風不終朝, 驟雨不終日'에서 '飄風'은 '회오리바람'이고, '驟雨'는 '소낙비'이며, '終'은 '끝내다'이다. 따라서 회오리바람은 아침 내내 불지 않고 소낙비는 하루 종일 쏟아지지 않는다는 뜻이다. 들으려 해도 들을

老子를 만나라

수 없는 지나간 말처럼 저절로 그렇게 되는 것이다.

　孰爲此者? 天地.
　天地尚不能久, 而況於人乎?

　누가 이것들을 만들었는가, 바로 천지이다.
　천지가 하는 일도 오래갈 수가 없는데
　하물며 사람이 하는 것이야 어떠하겠는가?

'孰爲此者'에서 '爲'는 '만들다'이고 '此者'는 飄風과 驟雨를 가리킨다. 그러므로 누가 飄風과 驟雨를 만들었느냐는 말이다. '天地'는 천지가 했다는 뜻이다.

'天地尚不能久'에서 '尚'은 '오히려'이고 '久'는 '오래다'이다. 따라서 천지도 오히려 자기가 만든 것을 오래가게 할 수 없다는 뜻이다. '況於人乎'는 '況'이 '하물며'이고 '乎'는 의문을 나타내는 어조사이니 하물며 사람의 경우에는 어떠하겠느냐는 말이다. 즉 사람이 하는 일은 천지가 하는 일보다 더더욱 오래가지 못한다는 뜻이다.

　故從事於道者, 道者同於道, 德者同於德, 失者同於失.

　그러므로 도를 따르는 일에 힘써야 하니

도를 따르는 사람은 도와 하나가 된다.
덕을 쌓는 사람은 덕과 하나가 되고
허물을 만드는 사람은 허물과 하나가 된다.

'從事於道者'는 '從事'가 힘써 일하는 것이므로 도를 부지런히 따라야
한다는 뜻이다. 모든 것은 다하는 날이 있으나 도는 영원하기 때문에
그렇게 해야 한다는 것이다. '道者同於道'에서 '道者'는 도를 따르는 사
람이고, '同'은 '같이하다'이다. 따라서 도를 따르는 사람은 도와 하나가
된다는 말이니 그러한 사람은 도를 얻는다는 뜻이다. '德者'는 덕을 쌓
는 사람이고, '失者'는 허물을 만드는 사람이다.

同於道者, 道亦樂得之,
同於德者, 德亦樂得之,
同於失者, 失亦樂得之.
信不足焉, 有不信焉.

도와 하나가 되면 도 또한 그를 만나 좋아하고
덕과 하나가 되면 덕 또한 그를 만나 좋아하며
허물과 하나가 되면 허물 또한 그를 만나 좋아한다.
믿음을 가지지 못하면 불신은 생겨나기 마련이다.

 老子를 만나라

‘同於道者, 道亦樂得之’에서 ‘同於道者’는 도를 따르는 사람이고, ‘得’
은 ‘만나다’이며, ‘之’는 同於道者를 가리킨다. 그러므로 도는 도를 따르
는 사람을 만나면 좋아한다는 말로 사람이 도를 따르면 쉽게 깨우칠
수 있다는 뜻이다.

‘信不足焉’은 도에 대한 믿음이 부족하다는 뜻이고, ‘有不信焉’은 도
를 믿지 않게 된다는 뜻이다. 17장에서도 똑같은 문장이 나왔으나 그
곳에서는 믿음을 주지 못하면 그를 믿지 않는다는 뜻으로 쓰였다.

第二十四章

발돋움한 사람은 오래 서 있을 수 없고
큰 걸음으로 걷는 사람은 멀리 갈 수 없다.
스스로 나타내는 사람은 드러나지 않고
스스로 옳다는 사람은 밝힐 수가 없으며
스스로 이루었다고 하는 사람은 공이 없고
스스로 자랑하는 사람은 오래가지 못한다.
그와 같은 짓들은 도의 길로 나아갈 때
먹다 남긴 음식이요 쓸모없는 행동이다.
만물은 언제나 그러한 사람들을 싫어하니
도를 따르는 사람들은 그리하지 않는다.

企者不立, 跨者不行. 自見者不明, 自是者不彰. 自伐者
無功, 自矜者不長. 其在道也, 曰餘食贅行. 物或惡之, 故
有道者不處.

企者不立, 跨者不行.

발돋움한 사람은 오래 서 있을 수 없고
큰 걸음으로 걷는 사람은 멀리 갈 수 없다.

‘企者不立’에서 ‘企者’는 ‘企’가 ‘발돋움하다’이니 뒤꿈치를 들고 서 있
는 사람이고, ‘不立’은 오래 서 있지 못한다는 뜻이다. ‘跨者不行’에서
‘跨者’는 ‘跨’가 ‘넘다’이니 큰 걸음으로 걷는 사람이고, ‘不行’은 멀리 가
지 못한다는 뜻이다. 따라서 ‘企者’는 애쓰는 사람이고 ‘跨者’는 서두르
는 사람이니 그런 사람들은 하고자 하는 일을 이룰 수 없다는 뜻이다.

自見者不明, 自是者不彰.
自伐者無功, 自矜者不長.

스스로 나타내는 사람은 드러나지 않고
스스로 옳다는 사람은 밝힐 수가 없으며
스스로 이루었다고 하는 사람은 공이 없고
스스로 자랑하는 사람은 오래가지 못한다.

위의 문장은 모두 도를 거스르는 사람들이 살아가는 모습으로 성인의 삶과는 반대이다. '不自見故明, 不自是故彰, 不自伐故有功, 不自矜故長'이라는 말이 22장에서 나왔다. 스스로 나타내지 않으므로 뚜렷이 드러나고, 스스로 옳다고 하지 않으므로 환히 밝혀지고, 스스로 이루었다고 하지 않으므로 공이 있고, 스스로 자랑하지 않으므로 오래도록 자리한다는 뜻이다. 도를 따르며 無爲로 세상을 살아가는 성인의 모습이다.

其在道也, 曰餘食贅行.
物或惡之, 故有道者不處.

그와 같은 짓들은 도의 길로 나아갈 때
먹다 남긴 음식이요 쓸모없는 행동이다.
만물은 언제나 그러한 사람들을 싫어하니
도를 따르는 사람들은 그리하지 않는다.

'其在道也'에서 '其'는 위에서 말한 자신을 드러내려고 하는 네 가지 행동이다. '曰餘食贅行'에서 '曰'은 '일컫다'이고, '餘食'은 '餘'가 '남기다'이니 먹다가 남긴 음식이며, '贅行'은 '贅'가 '군더더기'이니 쓸모없는 행동이다.

'物或惡之, 故有道者不處'에서 '之'는 앞에 나온 일들을 하는 사람을 가리키고, '有道者'는 도를 따르는 사람이며, '不處'는 '處'가 '맡다'이니 하지 않는다는 뜻이다.

　　　　　　　　　　　　　　　　　　　老子를 만나라

第二十五章

섞이고 섞여 이루어진 것이 있으니

하늘과 땅보다도 먼저 생겨났다.

고요하고 텅 빈 채 홀로 생겨나

언제나 변함없이 그대로이고

널리 움직여도 해롭게 하는 일이 없으니

천하의 어머니라고 이를 만하다.

이름을 알 수 없으나 글자로 쓰면 道이고

억지로 이름을 붙이면 大라고 한다.

큰 것은 온 곳으로 퍼져 나가고

온 곳으로 퍼져 나간 것은 먼 곳까지 이르며

먼 곳에 이른 것은 다시 돌아온다.

그러므로 도는 크다.

하늘도 크고 땅도 크고

사람들이 살아가는 곳 또한 크다.

세상에는 네 가지 큰 것이 있으니

사람들은 그 가운데 한 곳에 머무른다.

사람은 땅을 따르고 땅은 하늘을 따르고

하늘은 도를 따르고 도는 스스로를 따른다.

有物混成, 先天地生. 寂兮寥兮, 獨立不改, 周行而不殆, 可以爲天下母. 吾不知其名, 字之曰道, 强爲之名曰大. 大曰逝, 逝曰遠, 遠曰反. 故道大, 天大, 地大, 王亦大. 域中有四大, 而王居其一焉. 人法地, 地法天, 天法道, 道法自然.

有物混成, 先天地生.
寂兮寥兮, 獨立不改, 周行而不殆, 可以爲天下母.

섞이고 섞여 이루어진 것이 있으니
하늘과 땅보다도 먼저 생겨났다.
고요하고 텅 빈 채 홀로 생겨나
언제나 변함없이 그대로이고
널리 움직여도 해롭게 하는 일이 없으니
천하의 어머니라고 이를 만하다.

'有物混成'에서 '有物'은 14장에서 나온 夷와 希와 微를 가리킨다. 夷는 보아도 보이지 않는 것이고, 希는 들어도 들리지 않는 것이며, 微는 잡아도 잡히지 않는 것이다. 노자는 이 세 가지는 하나로 섞여 있어 따

 老子를 만나라

로 나눌 수 없다고 했다. '有物混成'은 이를 뜻하니 도의 모습을 말한
것이다. '先天地生'은 천지보다 먼저 생겨났다는 뜻이다.

'寂兮寥兮'에서 '寂'은 '고요하다'이고, '寥'는 '텅 비다'이다. '獨立不改'
는 '立'이 '나타나다'이고 '改'는 '바뀌다'이니 홀로 생겨나 변하지 않았다
는 뜻이다. '周行而不殆'에서 '周行'은 '周'가 '널리'이니 온 곳으로 움직
인다는 뜻이고, '不殆'는 '殆'가 '해치다'이니 아무도 해치지 않는다는 뜻
이다. '可以爲天下母'에서 '天下母'는 천하의 어머니이니 도를 뜻한다.

吾不知其名, 字之曰道, 强爲之名曰大.
大曰逝, 逝曰遠, 遠曰反.

이름을 알 수 없으나 글자로 쓰면 道이고
억지로 이름을 붙이면 大라고 한다.
큰 것은 온 곳으로 퍼져 나가고
온 곳으로 퍼져 나간 것은 먼 곳까지 이르며
먼 곳에 이른 것은 다시 돌아온다.

'吾不知其名'은 '其'가 '天下母'를 가리키니 천하를 낳은 어머니의 이
름을 알 수 없다는 뜻이다. 그래서 노자는 道라는 글자로 나타냈고 억
지로 大라는 이름을 붙였다. '大曰逝'에서 '逝'는 '가다'이니 퍼져 나간다
는 뜻이고, '逝曰遠'에서 '遠'은 '멀다'이니 먼 곳까지 이른다는 뜻이며,

'遠日反'에서 '反'은 '돌아오다'이니 되돌아온다는 뜻이다.

　　故道大, 天大, 地大, 王亦大.
　　域中有四大, 而王居其一焉.
　　人法地, 地法天, 天法道, 道法自然.

　　그러므로 도는 크다.
　　하늘도 크고 땅도 크고
　　사람들이 살아가는 곳 또한 크다.
　　세상에는 네 가지 큰 것이 있으니
　　사람들은 그 가운데 한 곳에 머무른다.
　　사람은 땅을 따르고 땅은 하늘을 따르고
　　하늘은 도를 따르고 도는 스스로를 따른다.

　'故道大, 天大, 地大, 王亦大'에서 '王亦大'는 '王'이 '통치하다'이니 왕
이 다스리는 곳 즉 사람이 사는 곳 또한 크다는 뜻이다. '域中有四大'에
서 '域中'은 '域'이 '경계를 짓다'이니 경계를 지을 수 있는 곳이고 '四大'
는 道, 天, 地, 王을 가리킨다. '而王居其一焉'는 '居'가 '차지하다'이니 사
람이 사는 곳은 四大의 한 곳에 속한다는 뜻이다.
　'人法地'는 '法'이 '본받다'이니 사람은 땅의 이치를 따른다는 뜻이고,
'地法天'은 땅은 하늘의 이치를 따른다는 뜻이다. '天法道'는 하늘은 도

를 따라서 움직인다는 뜻이고, '道法自然'은 '自然'이 '스스로 그러하다'
이니 도는 스스로가 하는 대로 내버려둔다는 뜻이다.

第二十六章

무거운 것은 가벼운 것을 떠받쳐 주고
고요한 것은 시끄러운 것을 다스린다.
그러므로 성인은 종일토록 일을 해도
조용히 지내며 말과 행동을 조심하고
화려한 것이 보여도 느긋하고 의젓하다.
어찌 큰 나라를 다스리는 사람이 되어
천하에서 제 몸을 가볍게 놀리겠는가?
가볍게 움직이면 할 일을 잊어버리고
시끄럽게 굴면 임금의 자리를 잃고 만다.

重爲輕根, 靜爲躁君. 是以聖人終日行, 不離輜重. 雖有
榮觀, 燕處超然. 奈何萬乘之主, 而以身輕天下? 輕則失
本, 躁則失君.

老子를 만나라

重爲輕根, 靜爲躁君.

무거운 것은 가벼운 것을 떠받쳐 주고
고요한 것은 시끄러운 것을 다스린다.

'重爲輕根'에서 '重'은 '무겁다'이니 무거운 것이고, '輕根'은 '輕'이 '가
볍다'이니 가벼운 것의 뿌리이다. 따라서 무거운 것은 아래쪽에 자리
하며 뿌리처럼 가벼운 것을 지탱해 준다는 뜻이다. '靜爲躁君'에서 '靜'
은 '고요하다'이니 고요한 것이고, '躁君'은 '躁'가 '시끄럽다'이니 시끄러
운 것의 임금이다. 그러므로 고요한 것은 임금처럼 시끄러운 것을 다
스려 고요하게 한다는 뜻이다.

是以聖人終日行, 不離輜重.
雖有榮觀, 燕處超然.

그러므로 성인은 종일토록 일을 해도
조용히 지내며 말과 행동을 조심하고
화려한 것이 보여도 느긋하고 의젓하다.

‘聖人終日行’은 ‘行’이 ‘행하다’이니 성인은 종일토록 자신이 하고자 하는 일을 한다는 뜻이다. ‘不離輜重’에서 ‘不離’는 ‘離’가 ‘떠나다’이니 잊지 않는다는 뜻이고, ‘輜重’은 ‘輜’가 조용히 하는 것이고 ‘重’은 조심하는 것이니 조용히 지내며 말과 행동을 조심한다는 뜻이다.

‘雖有榮觀’에서 ‘雖’는 ‘비록’이고, ‘榮觀’은 ‘榮’이 ‘성하다’이고 ‘觀’은 ‘모양’이니 화려한 볼거리이다. ‘燕處超然’은 ‘燕’이 ‘편안하다’이고 ‘超’는 ‘뛰어넘다’이니 느긋한 마음으로 의젓하게 지낸다는 뜻이다.

奈何萬乘之主, 而以身輕天下?
輕則失本, 躁則失君.

어찌 큰 나라를 다스리는 사람이 되어
천하에서 제 몸을 가볍게 놀리겠는가?
가볍게 움직이면 할 일을 잊어버리고
시끄럽게 굴면 임금의 자리를 잃고 만다.

‘奈何萬乘之主’에서 ‘奈’와 ‘何’는 모두 ‘어찌’이고, ‘萬乘之主’는 만 대의 수레를 가진 군주이니 큰 나라를 다스리는 임금이다. ‘以身輕天下’는 ‘輕’이 ‘가벼이 하다’이니 천하에서 몸을 가볍게 움직인다는 뜻이다.

‘輕則失本, 躁則失君’에서 ‘本’은 ‘근본’이니 본분을 뜻하고, ‘君’은 ‘임금’이니 임금의 자리를 뜻한다. 따라서 가볍게 행동하면 자기가 할 일

老子를 만나라

을 잊어버리고, 시끄럽게 행동하면 임금의 자리를 잃게 된다는 뜻이
다.

第二十七章

행동을 바르게 하면 흠을 남기지 않고
말을 바로 하면 허물이 생기지 않으며
셈을 잘하면 산가지를 쓸 필요가 없다.
잘 닫으면 빗장을 지르지 않아도 열 수 없고
잘 묶으면 줄을 쓰지 않아도 풀 수 없다.
성인은 그처럼 늘 남을 돕고 내치지 않으며
언제나 만물을 보살피고 버려두지 않는다.
이를 일컬어 밝은 곳에 들었다고 한다.
그러므로 선한 사람은 악한 사람의 스승이고
악한 사람은 선한 사람의 거울이 된다.
자기의 스승을 소중히 여기지 않고
자신을 비추는 거울을 아끼지 않으면
비록 지혜가 있어도 큰 혼란에 빠지니
하늘의 도는 아무도 거스를 수 없기 때문이다.

善行無轍迹, 善言無瑕謫, 善數不用籌策. 善閉無關楗而不可開, 善結無繩約而不可解. 是以聖人常善求人, 故無棄人, 常善救物, 故無棄物, 是謂襲明. 故善人者, 不善人之師, 不善人者, 善人之資. 不貴其師, 不愛其資, 雖智大迷, 是謂要妙.

善行無轍迹, 善言無瑕謫, 善數不用籌策.

행동을 바르게 하면 흠을 남기지 않고
말을 바로 하면 허물이 생기지 않으며
셈을 잘하면 산가지를 쓸 필요가 없다.

'善行無轍迹'에서 '善行'은 행동을 바르게 하는 것이고, '轍迹'은 수레의 바퀴 자국으로 흠을 뜻한다. 따라서 바르게 살아가는 사람은 흠을 남기지 않는다는 뜻이다. '善言無瑕謫'에서 '善言'은 말을 바르게 하는 것이고, '無瑕謫'은 '瑕'와 '謫'이 모두 허물이니 허물이 생기지 않는다는 뜻이다. '善數不用籌策'에서 '善數'는 '數'가 '셈하다'이니 셈을 잘하는 것이고, '不用籌策'은 '籌策'이 셈을 할 때 쓰는 산가지이니 도구를 쓸 필요가 없다는 뜻이다.

善閉無關楗而不可開, 善結無繩約而不可解.

잘 닫으면 빗장을 지르지 않아도 열 수 없고
잘 묶으면 줄을 쓰지 않아도 풀 수 없다.

‘善閉無關楗而不可開’에서 ‘閉’는 ‘닫다’이고, ‘關楗’은 ‘關’과 ‘楗’이 모
두 ‘빗장’이니 빗장을 뜻하며, ‘開’는 ‘열다’이다. 따라서 잘 닫으면 빗장
을 지르지 않아도 열 수 없다는 뜻이다. ‘善結無繩約而不可解’에서 ‘結’
은 ‘묶다’이고, ‘繩約’은 ‘繩’이 ‘줄’이고 ‘約’은 ‘묶다’이니 줄로 묶는 것이
며, ‘解’는 ‘풀다’이다. 그러므로 잘 묶으면 줄로 묶지 않아도 풀 수 없다
는 뜻이다.

是以聖人常善求人, 故無棄人, 常善救物, 故無棄物, 是謂襲明.

성인은 그처럼 늘 남을 돕고 내치지 않으며
언제나 만물을 보살피고 버려두지 않는다.
이를 일컬어 밝은 곳에 들었다고 한다.

‘聖人常善求人’은 ‘求’가 ‘힘쓰다’이니 성인은 언제나 남을 위해 힘을

　　　　　　　　　　　　　　　　　　老子를 만나라

쏟는다는 뜻이고, '無棄人'은 '棄'가 '버리다'이니 사람을 내치지 않는다는 뜻이다. '常善救物'은 '救'가 '돕다'이니 언제나 만물을 잘 보살핀다는 뜻이고, '無棄物'은 만물을 버려두지 않는다는 뜻이다. '襲明'은 '襲'이 '들어가다'이고 '明'은 '밝다'이니 밝은 곳에 들어갔다는 말로 도를 따른다는 뜻이다.

故善人者, 不善人之師, 不善人者, 善人之資.
不貴其師, 不愛其資, 雖智大迷, 是謂要妙.

그러므로 선한 사람은 악한 사람의 스승이고
악한 사람은 선한 사람의 거울이 된다.
자기의 스승을 소중히 여기지 않고
자신을 비추는 거울을 아끼지 않으면
비록 지혜가 있어도 큰 혼란에 빠지니
하늘의 도는 아무도 거스를 수 없기 때문이다.

'故善人者, 不善人之師'에서 '不善人之師'는 '師'가 스승이니 不善人이 본받아야 할 사람이다. '不善人者, 善人之資'에서 '善人之資'는 '資'가 '바탕'으로 근본을 이루는 것이니 善人이 자신의 모습을 비춰 봐야 할 거울이다.

'不貴其師'는 자기의 스승을 소중히 여기지 않는다는 뜻이고, '不愛其

資'는 자신을 비추는 거울을 아끼지 않는다는 뜻이다. '雖智大迷, 是謂
要妙'에서 '迷'는 '헷갈리다'이고, '要'는 '근본'으로 하늘의 이치를 뜻하며,
'妙'는 '미묘하다'이다. 그러므로 사람들이 지혜가 있어도 큰 혼란에 빠
지는 것은 미묘한 하늘의 도를 거스르기 때문에 그렇게 된다는 뜻이다.

老子를 만나라

第二十八章

강한 것을 알고 약한 것을 따르면 시냇물과 같이 된다.

시냇물과 같이 되면 언제나 덕을 잃지 않고

갓난아이와 같은 상태로 되돌아간다.

바른 것을 알고 그른 것을 보살피면 거울과 같이 된다.

거울과 같이 되면 언제나 덕을 바르게 베풀고

다하는 것이 없는 상태로 되돌아간다.

영화를 알고 욕된 것을 받아들이면 골짜기와 같이 된다.

골짜기와 같이 되면 언제나 덕이 넉넉해지고

통나무와 같은 상태로 되돌아간다.

통나무는 쪼개어 그릇을 만들 수 있으나

성인은 그것을 쓰게 되면 큰 기둥으로 삼는다.

그러므로 있는 대로 크게 다루고 잘게 나눠서는 안 된다.

知其雄, 守其雌, 爲天下谿. 爲天下谿, 常德不離, 復歸於嬰兒. 知其白, 守其黑, 爲天下式. 爲天下式, 常德不忒, 復歸於無極. 知其榮, 守其辱, 爲天下谷. 爲天下谷, 常德乃足, 復歸於樸. 樸散則爲器, 聖人用之, 則爲官長, 故大制不割.

知其雄, 守其雌, 爲天下谿.
爲天下谿, 常德不離, 復歸於嬰兒.

강한 것을 알고 약한 것을 따르면 시냇물과 같이 된다.
시냇물과 같이 되면 언제나 덕을 잃지 않고
갓난아이와 같은 상태로 되돌아간다.

'知其雄, 守其雌, 爲天下谿'에서 '雄'은 '수컷'이니 강한 것을 뜻하고,
'雌'는 '암컷'이니 약한 것을 뜻하며, '守'는 '지키다'이니 따른다는 뜻이
고, '谿'는 '시냇물'이다. 따라서 강한 것을 알고 약한 마음으로 살아가
면 시냇물과 같이 부드럽고 약하게 된다는 뜻이다.

'天下莫柔弱於水'라는 말이 78장에 나온다. 천하에 물보다 부드럽고
약한 것이 없다는 뜻이다. '弱之勝强, 柔之勝剛'이라는 말이 이어진다.
약한 것이 강한 것을 이기고 부드러운 것이 단단한 것을 이긴다는 뜻
이다.

'常德不離'는 '離'가 '떠나다'이니 언제나 덕을 잃지 않는다는 뜻이고,
'復歸於嬰兒'는 다시 갓난아이처럼 여리고 약하게 된다는 뜻이다.

　　　　　　　　　　　　　　老子를 만나라

知其白, 守其黑, 爲天下式.
爲天下式, 常德不忒, 復歸於無極.

바른 것을 알고 그른 것을 보살피면 거울과 같이 된다.
거울과 같이 되면 언제나 덕을 바르게 베풀고
다하는 것이 없는 상태로 되돌아간다.

'知其白, 守其黑, 爲天下式'에서 '白'은 '희다'이니 바른 것을 뜻하고,
'黑'은 '검다'이니 그른 것을 뜻하며, '守'는 '지키다'이니 보살핀다는 뜻
이고, '式'은 '본받다'이니 본받을 만한 것이다. 따라서 바른 것을 알고
그른 것을 보살피며 살아가면 모든 사람의 본보기가 된다는 뜻이다.
'常德不忒'은 '忒'이 '어긋나다'이니 언제나 덕을 어긋나지 않게 베푼
다는 뜻이다. '復歸於無極'에서 '無極'은 '極'이 '다하다'이니 다하는 것이
없는 것으로 도를 뜻한다. 따라서 도를 따르게 된다는 뜻이다.

知其榮, 守其辱, 爲天下谷.
爲天下谷, 常德乃足, 復歸於樸.

영화를 알고 욕된 것을 받아들이면 골짜기와 같이 된다.
골짜기와 같이 되면 언제나 덕이 넉넉해지고
통나무와 같은 상태로 되돌아간다.

‘知其榮, 守其辱, 爲天下谷’에서 ‘榮’은 영화로운 것이고, ‘辱’은 욕된 것이며, ‘守’는 ‘지키다’이니 받아들인다는 뜻이다. 따라서 영화로운 것을 알고 욕된 것을 받아들이면 온갖 것을 낳고 자라게 하는 골짜기와 같이 된다는 뜻이다.

‘常德乃足’은 ‘足’이 ‘넉넉하다’이니 언제나 덕이 넉넉해진다는 뜻이고, ‘復歸於樸’은 ‘樸’이 통나무이니 꾸밈없이 수수한 통나무처럼 된다는 뜻이다.

樸散則爲器, 聖人用之, 則爲官長, 故大制不割.

통나무는 쪼개어 그릇을 만들 수 있으나
성인은 그것을 쓰게 되면 큰 기둥으로 삼는다.
그러므로 있는 대로 크게 다루고 잘게 나눠서는 안 된다.

‘樸散則爲器’는 ‘散’이 ‘흩뜨리다’이니 통나무를 잘게 쪼개면 그것으로 그릇을 만들 수 있다는 뜻이다. ‘聖人用之, 則爲官長’에서 ‘之’는 통나무를 가리키고, ‘官’은 높은 곳에 지어진 집이며, ‘長’은 ‘길다’이니 기둥을 뜻한다. 그러므로 성인은 통나무를 쪼개지 않고 그대로 사용하여 큰 기둥으로 쓴다는 뜻이다.

‘故大制不割’에서 ‘大制’는 ‘制’가 ‘마름질하다’이니 있는 그대로 크게 다룬다는 뜻이고, ‘不割’은 ‘割’이 ‘가르다’이니 잘게 나누지 않는다는 뜻

老子를 만나라

이다. 성인은 도를 따르는 사람이므로 인위적으로 잘게 나누어 쓰지
않는다. 도를 따르며 있는 그대로 알맞은 곳에 쓸 뿐이다.

第二十九章

천하를 얻기 위해 애쓴 사람들이 있었으나
나는 그들이 뜻을 이루는 것을 보지 못했다.
천하는 신비로운 그릇이니 마음대로 할 수 없다.
하려고 하면 그르치고 가지려고 하면 잃는다.
그러하니 만물은 앞서기도 하고 따르기도 하며
움츠리기도 하고 부풀리기도 한다.
때로는 강해지기도 하고 약해지기도 하며
쓰러지기도 하고 넘어뜨리기도 한다.
이에 성인은 분수에 넘치는 일은 하지 않고
사치를 부리지도 남에게 교만하게 굴지도 않는다.

將欲取天下而爲之, 吾見其不得已. 天下神器, 不可爲
也. 爲者敗之, 執者失之. 故物或行或隨, 或歔或吹, 或强
或羸, 或挫或隳. 是以聖人去甚, 去奢, 去泰.

   老子를 만나라

將欲取天下而爲之, 吾見其不得已.
天下神器, 不可爲也.

천하를 얻기 위해 애쓴 사람들이 있었으나
나는 그들이 뜻을 이루는 것을 보지 못했다.
천하는 신비로운 그릇이니 마음대로 할 수 없다.

'將欲取天下而爲之'에서 '將欲取天下'는 천하를 얻고 싶어 한다는 뜻이고, '爲之'는 '之'가 '取天下'를 가리키니 천하를 얻고 싶어 하는 마음을 행동으로 옮겼다는 뜻이다. '吾見其不得已'에서 '其'는 그러한 일을 한 사람을 가리키고, '不得'은 얻지 못했다는 뜻이며, '已'는 단정을 나타내는 어조사이다.

'天下神器, 不可爲也'에서 '神器'는 '神'이 '신기하다'이니 신비로운 그릇이고, '不可爲也'는 '爲'가 '다스리다'이니 마음대로 할 수 없다는 뜻이다.

爲者敗之, 執者失之.

하려고 하면 그르치고 가지려고 하면 잃는다.

'爲者敗之'에서 '爲者'는 뭔가를 억지로 하려는 사람이고, '敗'는 '실패하다'이니 그르친다는 뜻이며, '之'는 爲者가 하려고 하는 것이다. '執者失之'에서 '執者'는 '執'이 '잡다'이니 뭔가를 억지로 가지려는 사람이고, '失'은 '잃다'이니 가지지 못한다는 뜻이며, '之'는 執者가 가지려고 하는 것이다.

故物或行或隨, 或歔或吹, 或强或羸, 或挫或隳.
是以聖人去甚, 去奢, 去泰.

그러하니 만물은 앞서기도 하고 따르기도 하며
움츠리기도 하고 부풀리기도 한다.
때로는 강해지기도 하고 약해지기도 하며
쓰러지기도 하고 넘어뜨리기도 한다.
이에 성인은 분수에 넘치는 일은 하지 않고
사치를 부리지도 남에게 교만하게 굴지도 않는다.

'故物或行或隨'에서 '或'은 '어떤 경우'이고, '行'은 '나아가다'이니 앞서가는 것이며, '隨'는 '따르다'이니 뒤따라가는 것이다. '或歔或吹'에서 '歔'는 '두려워하다'이니 움츠리는 것이고, '吹'는 '과장하다'이니 부풀리는 것이다. '或强或羸'에서 '强'은 '강하다'이니 강해지는 것이고, '羸'는 '약하다'이니 약해지는 것이다. '或挫或隳'에서 '挫'는 '꺾이다'이니 자신이 쓰러지는 것이고, '隳'는 '무너뜨리다'이니 남을 넘어뜨리는 것이다.

　'是以聖人去甚, 去奢, 去泰'에서 '甚'은 '지나치다'이니 분수에 넘치는 일이고, '奢'는 '사치하다'이니 사치스러운 생활이며, '泰'는 '교만하다'이 니 남에게 교만하게 구는 마음이다.

第三十章

도를 지키면서 군주를 도와주는 사람은
힘으로 천하를 억누르려고 하지 않으니
그러한 일은 언젠가는 돌아오기 마련이다.
군사가 머문 곳에는 가시덤불이 자라나고
대군을 일으킨 뒤에는 반드시 흉년이 든다.
도를 지키는 사람은 자연스럽게 이룰 뿐
감히 힘으로 억누르는 일은 하지 않는다.
이루어 놓은 것이 있어도 자랑하지 않고
나타내 보이지도 교만하게 굴지도 않으며
부득이하게 여기고 힘을 드러내지도 않는다.
만물은 기운이 넘치게 되면 곧 쇠약해진다.
이는 도를 거스르는 일이니 일찍 죽고 만다.

以道佐人主者, 不以兵强天下, 其事好還. 師之所處, 荊
棘生焉, 大軍之後, 必有凶年. 善有果而已, 不敢以取强.
果而勿矜, 果而勿伐, 果而勿驕. 果而不得已, 果而勿强.
物壯則老, 是謂不道, 不道早已.

以道佐人主者, 不以兵強天下, 其事好還.

도를 지키면서 군주를 도와주는 사람은
힘으로 천하를 억누르려고 하지 않으니
그러한 일은 언젠가는 돌아오기 마련이다.

‘以道佐人主者’는 ‘佐’가 ‘돕다’이고 ‘人主’는 ‘임금’이니 도를 지키며 자기의 군주를 돕는 사람이다. ‘不以兵強天下’는 ‘兵’이 ‘병기’이고 ‘強’은 ‘억지로 시키다’이니 힘으로 세상 사람들을 억누르지 않는다는 뜻이다. ‘其事好還’에서 ‘其事’는 힘으로 억누르는 일이고, ‘好還’은 돌아오기를 좋아한다는 말이니 언젠가는 자신에게 되돌아온다는 뜻이다.

師之所處, 荊棘生焉, 大軍之後, 必有凶年.

군사가 머문 곳에는 가시덤불이 자라나고
대군을 일으킨 뒤에는 반드시 흉년이 든다.

‘師之所處’는 ‘師’가 ‘군사’이니 군사들이 머문 곳이고, ‘荊棘生焉’은 ‘荊’과 ‘棘’이 모두 ‘가시나무’이니 가시덤불이 그곳에 자라난다는 뜻이

다. 군사가 진을 친 곳에는 농사를 지을 수 없으므로 땅이 황폐해지기
마련이다.

'大軍之後'는 대군을 일으킨 뒤이고, '必有凶年'은 반드시 흉년이 든
다는 뜻이다. 대군을 일으켜 전쟁을 벌이면 농사를 지을 사람이 없으
므로 흉년이 들 수밖에 없다. 이러한 일들은 힘으로 천하를 억눌러 생
겨난 것으로 그 자신도 어려운 지경에 빠지고 만다.

善有果而已, 不敢以取强.
果而勿矜, 果而勿伐, 果而勿驕.
果而不得已, 果而勿强.

도를 지키는 사람은 자연스럽게 이룰 뿐
감히 힘으로 억누르는 일은 하지 않는다.
이루어 놓은 것이 있어도 자랑하지 않고
나타내 보이지도 교만하게 굴지도 않으며
부득이하게 여기고 힘을 드러내지도 않는다.

'善有果而已'에서 '善'은 善者로 도를 지키며 군주를 돕는 사람이고,
'果'는 '이루다'이니 자연스럽게 이루는 것이며, '已'는 '그만두다'이니 그
것으로 그만이라는 뜻이다. '不敢以取强'은 '强'이 억지로 시키는 것이
니 감히 힘으로 천하를 억누르는 일은 하지 않는다는 뜻이다.

     老子를 만나라

‘果而勿矜, 果而勿伐, 果而勿驕’에서 ‘勿矜’은 자랑하지 않는 것이고, ‘勿伐’은 이루었다고 하지 않는 것이며, ‘勿驕’는 교만하게 굴지 않는 것이다. ‘果而不得已, 果而勿强’에서 ‘不得已’는 그만둘 수 없다는 말이니 어쩔 수 없는 것으로 여긴다는 뜻이고, ‘勿强’은 강해지지 않는다는 뜻이다.

物壯則老, 是謂不道, 不道早已.

만물은 기운이 넘치게 되면 곧 쇠약해진다.
이는 도를 거스르는 일이니 일찍 죽고 만다.

‘物壯則老’에서 ‘壯’은 ‘기세가 좋다’이니 기운이 넘친다는 뜻이고, ‘老’는 ‘쇠약하다’이니 쇠하고 약해진다는 뜻이다. ‘是謂不道’에서 ‘不道’는 도가 아니라는 말이니 도를 거스른다는 뜻이고, ‘不道早已’에서 ‘早已’는 ‘早’가 ‘일찍’이고 ‘已’는 ‘그치다’이니 일찍 죽게 된다는 뜻이다.

第三十一章

좋은 병기라는 것은 상서롭지 못한 물건이니
만물은 언제나 그러한 것들을 싫어한다.
그러므로 도를 따르는 사람은 지니지 않는다.
군자는 평상시에 왼쪽을 소중히 여기고
군사를 일으킬 땐 오른쪽을 소중히 여긴다.
병기는 상서롭지 못한 것으로 군자의 물건이 아니니
마지못해 쓸 땐 마음을 차분히 먹는 것이 가장 좋다.
전쟁에서 이겼다고 좋아해서는 안 되니
그것을 좋아하는 사람은 살인을 즐기는 것이다.
살인을 즐기는 사람은 천하에서 뜻을 이룰 수 없다.
좋은 일은 왼쪽을 높이고 나쁜 일은 오른쪽을 높인다.
낮은 장수를 왼쪽에 높은 장수를 오른쪽에 두는 것은
말하자면 상례를 따르기 위해 그렇게 하는 것이다.
많은 사람을 죽였기에 눈물로 그들의 죽음을 슬퍼하고
전쟁에서 이겨도 상을 치르는 예로 그처럼 하는 것이다.

老子를 만나라

夫佳兵者, 不祥之器, 物或惡之, 故有道者不處. 君子居
則貴左, 用兵則貴右. 兵者不祥之器, 非君子之器, 不得已
而用之, 恬淡爲上. 勝而不美, 而美之者, 是樂殺人. 夫樂
殺人者, 則不可得志於天下矣. 吉事尙左, 凶事尙右. 偏將
軍居左, 上將軍居右, 言以喪禮處之. 殺人之衆, 以哀悲泣
之, 戰勝以喪禮處之.

夫佳兵者, 不祥之器, 物或惡之, 故有道者不處.

좋은 병기라는 것은 상서롭지 못한 물건이니
만물은 언제나 그러한 것들을 싫어한다.
그러므로 도를 따르는 사람은 지니지 않는다.

'夫佳兵者, 不祥之器'에서 '佳兵'은 '佳'가 '좋다'이니 좋은 병기이고,
'不祥之器'는 '祥'이 '상서롭다'이니 상서롭지 못한 물건이다. '物或惡之'
에서 '惡'는 '싫어하다'이고, '之'는 '佳兵'을 가리킨다. '故有道者不處'에
서 '有道者'는 도를 따르는 사람이고, '不處'는 '處'가 '차지하다'이니 지
니지 않는다는 뜻이다.

君子居則貴左, 用兵則貴右.

兵者不祥之器, 非君子之器, 不得已而用之, 恬淡爲上.

군자는 평상시에 왼쪽을 소중히 여기고

군사를 일으킬 땐 오른쪽을 소중히 여긴다.

병기는 상서롭지 못한 것으로 군자의 물건이 아니니

마지못해 쓸 땐 마음을 차분히 먹는 것이 가장 좋다.

'君子居則貴左'에서 '君子'는 앞에 나온 '有道者'처럼 도를 따르는 군주이고, '居'는 '평상시'이니 나라가 평화로울 때이며, '貴左'는 왼쪽을 소중히 여긴다는 뜻이다. '用兵則貴右'에서 '用兵'은 '兵'이 '병사'이니 병사를 쓰는 것으로 전쟁을 한다는 뜻이다.

'兵者不祥之器'는 '兵'이 '병기'이니 병기는 상서롭지 못한 물건이라는 뜻이고, '非君子之器'는 군자가 사용할 물건이 아니라는 뜻이다. '不得已而用之, 恬淡爲上'에서 '不得已'는 어쩔 수 없다는 뜻이고, '之'는 병기를 가리키며, '恬淡'은 '恬'과 '淡'이 모두 '담담하다'이니 마음을 차분히 가라앉히는 것이다.

勝而不美, 而美之者, 是樂殺人.

夫樂殺人者, 則不可得志於天下矣.

老子를 만나라

전쟁에서 이겼다고 좋아해서는 안 되니
그것을 좋아하는 사람은 살인을 즐기는 것이다.
살인을 즐기는 사람은 천하에서 뜻을 이룰 수 없다.

‘勝而不美’에서 ‘勝’은 전쟁에서 이기는 것이고, ‘不美’는 ‘美’가 ‘좋다’
이니 좋아해서는 안 된다는 뜻이다. ‘美之者’는 ‘之’가 ‘勝’을 가리키니
전쟁에서 이긴 것을 좋아하는 사람이고, ‘樂殺人’은 ‘樂’이 ‘즐기다’이니
사람을 죽이는 일을 즐긴다는 뜻이다.

‘夫樂殺人者, 不可得志於天下矣’에서 ‘樂殺人者’는 사람을 죽이는 일
을 즐기는 사람이고, ‘志’는 ‘뜻’으로 자기가 하고 싶어 하는 일이며, ‘矣’
는 단정을 나타내는 어조사이다. 따라서 살인을 즐기는 사람은 천하에
서 자기가 하고자 하는 일을 이룰 수 없다는 뜻이다.

吉事尚左, 凶事尚右.
偏將軍居左, 上將軍居右, 言以喪禮處之.
殺人之衆, 以哀悲泣之, 戰勝以喪禮處之.

좋은 일은 왼쪽을 높이고 나쁜 일은 오른쪽을 높인다.
낮은 장수를 왼쪽에 높은 장수를 오른쪽에 두는 것은
말하자면 상례를 따르기 위해 그렇게 하는 것이다.
많은 사람을 죽였기에 눈물로 그들의 죽음을 슬퍼하고

전쟁에서 이겨도 상을 치르는 예로 그처럼 하는 것이다.

'吉事尙左, 凶事尙右'에서 '吉事'는 좋은 일이고, '凶事'는 나쁜 일이며, '尙'은 '높이다'이다. 따라서 좋은 일이 있을 땐 왼쪽을 중요하게 여기고, 나쁜 일이 있을 땐 오른쪽을 중요하게 여긴다는 뜻이다.

'偏將軍居左, 上將軍居右'에서 '上將軍'은 직급이 가장 높은 장수이고, '偏將軍'은 上將軍을 보좌하는 직급이 낮은 장수이며, '居'는 자리를 잡게 한다는 뜻이다. '言以喪禮處之'에서 '言'은 발어사로 '요컨대'라는 뜻이고, '喪禮'는 상을 치를 때 따르는 예이며, '之'는 '偏將軍居左'와 '上將軍居右'를 가리킨다.

'殺人之衆'은 '人之衆'이 사람의 무리이니 많은 사람을 죽였다는 뜻이고, '以哀悲泣之'는 '哀'와 '悲'가 모두 '슬프다'이고 '泣'이 '울다'이니 그들의 죽음을 눈물을 흘리며 슬퍼한다는 뜻이다. '戰勝以喪禮處之'는 전쟁에서 이겨도 상례를 따르기 위해 그렇게 한다는 뜻이다.

     老子를 만나라

第三十二章

도는 언제나 아무런 이름도 붙일 수 없고
통나무와 같아서 비록 보잘것없지만
천하의 그 누구도 마음대로 할 수 없다.
임금이 도를 지키면 만물은 절로 찾아들고
하늘과 땅은 서로 만나 단 이슬을 내리며
백성들은 시키지 않아도 스스로 따른다.
처음 생겨난 것들은 모두 이름을 얻고
이미 이름을 얻은 것들은 돌아갈 줄 아니
돌아갈 줄 알면 해로운 일이 생기지 않는다.
비유하자면 도가 천하로 퍼져 나가는 것은
냇물과 골물이 강과 바다로 흘러가는 것과 같다.

道常無名, 樸雖小, 天下莫能臣也. 侯王若能守之, 萬物
將自賓, 天地相合, 以降甘露, 民莫之令而自均. 始制有名,
名亦既有, 夫亦將知止, 知止可以不殆. 譬道之在天下, 猶
川谷之於江海.

道常無名, 樸雖小, 天下莫能臣也.

도는 언제나 아무런 이름도 붙일 수 없고
통나무와 같아서 비록 보잘것없지만
천하의 그 누구도 마음대로 할 수 없다.

‘道常無名’은 ‘名’이 ‘이름하다’이니 도는 언제나 이름을 붙일 수 없다
는 뜻이다. ‘不知其名, 字之曰道, 强爲之名曰大’라는 말이 25장에서 나
왔다. 이름을 알 수 없으나 글자로 쓰면 道이고 억지로 이름을 붙이면
大라고 한다는 뜻이다. 노자는 도가 무엇인지 알고 있어도 말로 나타
낼 수 없어 ‘道’라 쓰고 억지로 ‘大’라는 이름을 붙였다.

‘樸雖小, 天下莫能臣也’에서 ‘小’는 ‘작다’이니 보잘것없다는 뜻이고,
‘臣’은 ‘신하로 삼다’이다. 따라서 통나무처럼 비록 보잘것없어도 아무
도 마음대로 할 수 없다는 뜻이다.

侯王若能守之, 萬物將自賓,
天地相合, 以降甘露, 民莫之令而自均.

임금이 도를 지키면 만물은 절로 찾아들고

 老子를 만나라

하늘과 땅은 서로 만나 단 이슬을 내리며
백성들은 시키지 않아도 스스로 따른다.

'侯王若能守之'에서 '侯王'은 제후와 왕이니 한 나라를 다스리는 임금
이고, '若'은 '만약'이며, '之'는 도를 가리킨다. '萬物將自賓'은 '賓'이 '손
님'이니 만물이 스스로 손님처럼 찾아온다는 뜻이다. '天地相合, 以降甘
露'에서 '相合'은 서로 만나는 것이니 기운을 합친다는 뜻이고, '降甘露'
는 '降'이 '내리다'이고 '甘露'는 '단 이슬'이니 단맛이 나는 이슬을 내리는
것으로 도와준다는 뜻이다. '民莫之令而自均'에서 '之'는 정해지지 않은
것을 가리키고, '令'은 '명령하다'이며, '均'은 '따르다'이다. 따라서 임금
이 시키지 않아도 백성들이 할 일을 스스로 알아서 한다는 뜻이다.

始制有名, 名亦既有, 夫亦將知止, 知止可以不殆.

처음 생겨난 것들은 모두 이름을 얻고
이미 이름을 얻은 것들은 돌아갈 줄 아니
돌아갈 줄 알면 해로운 일이 생기지 않는다.

'始制有名'에서 '始制'는 '始'가 '처음'이고 '制'는 '짓다'이니 처음 생겨
난 것들이고, '有名'은 '有'가 '가지다'이니 이름을 얻는다는 뜻이다. '名
亦既有, 夫亦將知止'는 '既'가 '이미'이고 '止'는 '되돌아오다'이니 이름을

이미 얻은 것들은 때가 되면 처음으로 돌아갈 줄 안다는 뜻이다. '知止可以不殆'는 '殆'가 '위태하다'이니 처음으로 돌아갈 줄 알면 해로운 일이 생기지 않는다는 뜻이다.

譬道之在天下, 猶川谷之於江海.

비유하자면 도가 천하로 퍼져 나가는 것은
냇물과 골물이 강과 바다로 흘러가는 것과 같다.

'譬道之在天下'에서 '譬'는 '비유컨대'이고, '在天下'는 천하에 있다는 것이니 온 세상으로 널리 퍼진다는 뜻이다. '猶川谷之於江海'에서 '猶'는 '같다'이고, '川谷'은 시내와 골짜기이며, '之'는 '가다'이다. 그러므로 보잘것없는 도가 세상 곳곳으로 널리 퍼져 나가는 것은 시내와 골짜기의 물이 넓은 강과 바다로 흘러가는 것과 같다는 뜻이다.

 老子를 만나라

第三十三章

남을 아는 사람은 지혜가 있으나
자기를 아는 사람이야말로 뛰어나다.
남을 이기는 사람은 힘이 있으나
자기를 이기는 사람이야말로 강하다.
만족할 줄 아는 사람은 부자이고
힘써 행하는 사람은 뜻한 것을 이룬다.
자기의 자리를 잊지 않으면 오래 머물고
죽어도 잊히지 않으면 오래 사는 것이다.

知人者智, 自知者明. 勝人者有力, 自勝者強. 知足者富,
強行者有志. 不失其所者久, 死而不亡者壽.

知人者智, 自知者明.
勝人者有力, 自勝者強.

남을 아는 사람은 지혜가 있으나
자기를 아는 사람이야말로 뛰어나다.
남을 이기는 사람은 힘이 있으나
자기를 이기는 사람이야말로 강하다.

'知人者智, 自知者明'은 '智'가 '지혜롭다'이고 '明'은 '사리에 밝다'이니 남을 아는 사람보다 자기를 아는 사람이 더 뛰어나다는 뜻이다. 남을 아는 것은 어려운 일이지만 자기를 아는 것은 더욱 어려운 일이다.

'勝人者有力, 自勝者強'에서 '有力'은 힘이 있다는 뜻이고, '強'은 '강하다'이다. 그러므로 남을 이기는 사람보다 자기를 이기는 사람이 더 강하다는 뜻이다. 남을 이기는 것은 힘든 일이지만 자기를 이기는 것은 더욱 힘든 일이다.

知足者富, 強行者有志.
不失其所者久, 死而不亡者壽.

老子를 만나라

만족할 줄 아는 사람은 부자이고
힘써 행하는 사람은 뜻한 것을 이룬다.
자기의 자리를 잊지 않으면 오래 머물고
죽어도 잊히지 않으면 오래 사는 것이다.

'知足者富'는 '足'이 '족하다'이고 '富'는 '부유하다'이니 만족할 줄 아는 사람은 부자라는 뜻이다. 만족하는 사람은 부족한 것이 없으므로 부자나 마찬가지이다. '强行者有志'에서 '强行者'는 '强'이 '힘쓰다'이니 뭔가를 힘써 행하는 사람이고, '有志'는 '有'가 '가지다'이고 '志'는 '뜻하다'이니 하고자 하는 일을 이루어 낸다는 뜻이다.

'不失其所者久'에서 '失'은 '잃다'이고, '其所'는 자기의 자리이며, '久'는 '오래다'이다. 따라서 자기가 있는 곳의 실정을 바르게 아는 사람은 그 자리에 오래도록 머물 수 있다는 뜻이다. '死而不亡者壽'에서 '不亡者'는 '亡'이 '잊다'이니 잊히지 않는 사람이고, '壽'는 '오래 살다'이다. 그러므로 죽어도 잊히지 않는 사람은 오래 사는 것과 마찬가지라는 뜻이다.

第三十四章

대도는 널리 퍼져 나가 온 곳에 이른다.

만물이 의지해 살아가도 그대로 두고

이룬 것이 있어도 나타내지 않으며

만물을 보살피고 기를 뿐 부리지 않는다.

언제나 하려는 것이 없으니

보잘것없다고 할 수 있고

만물이 돌아가 의지해도 내버려두니

더없이 크다고 할 수 있다.

그러해도 끝내 스스로 크다고 하지 않으니

언제나 그처럼 큰 형상을 이룰 수 있다.

大道氾兮, 其可左右. 萬物恃之而生而不辭, 功成不名有, 衣養萬物而不爲主. 常無欲, 可名於小, 萬物歸焉而不爲主, 可名爲大. 以其終不自爲大, 故能成其大.

老子를 만나라

大道氾兮, 其可左右.
萬物恃之而生而不辭, 功成不名有, 衣養萬物而不爲主.

대도는 널리 퍼져 나가 온 곳에 이른다.
만물이 의지해 살아가도 그대로 두고
이룬 것이 있어도 나타내지 않으며
만물을 보살피고 기를 뿐 부리지 않는다.

‘大道氾兮’는 ‘氾’이 ‘넓다’이니 대도는 널리 퍼져 나간다는 뜻이다. ‘氾’을 ‘넘치다’로 풀이할 수도 있으나 4장에 도는 언제나 차고 넘치지 않는다는 뜻인 ‘或不盈’이라는 말이 나오므로 ‘넓다’로 보아야 한다. ‘其可左右’는 ‘左右’가 왼쪽으로도 가고 오른쪽으로도 가는 것이니 대도는 온 곳에 이른다는 뜻이다.

‘萬物恃之而生而不辭’에서 ‘恃之而生’은 ‘恃’가 ‘의지하다’이고 ‘之’는 대도를 가리키니 대도에 의지해 살아간다는 뜻이고, ‘不辭’는 ‘辭’가 ‘말하다’이니 아무런 말도 하지 않고 그대로 둔다는 뜻이다. ‘功成不名有’는 ‘不名有’가 있다고 말하지 않는 것이니 공을 이루어도 나타내지 않는다는 뜻이다. ‘衣養萬物而不爲主’에서 ‘衣’는 ‘덮다’이니 보살피는 것이고, ‘養’은 ‘기르다’이니 길러 주는 것이며, ‘不爲主’는 ‘主’가 ‘주인’이니 주인처럼 부리지 않고 내버려둔다는 뜻이다.

常無欲, 可名於小,
萬物歸焉而不爲主, 可名爲大.

언제나 하려는 것이 없으니
보잘것없다고 할 수 있고
만물이 돌아가 의지해도 내버려두니
더없이 크다고 할 수 있다.

'常無欲, 可名於小'에서 '常無欲'은 언제나 하고자 하는 것이 없다는
뜻이고, '小'는 '작다'이니 보잘것없는 것이다. '萬物歸焉而不爲主'에서
'萬物歸焉'은 '歸'가 '돌아가다'이니 만물이 돌아가 의지한다는 뜻이고,
'可名爲大'는 '名'이 '이름하다'이고 '大'는 '크다'이니 크다고 말할 수 있
다는 뜻이다. 노자는 25장에서 도의 이름을 알 수 없어 억지로 '大'라는
이름을 붙인다고 했다. 따라서 더없이 큰 도의 모습이 大이다.

以其終不自爲大, 故能成其大.

그러해도 끝내 스스로 크다고 하지 않으니
언제나 그처럼 큰 형상을 이룰 수 있다.

　　　　　　　　　　　　　　老子를 만나라

‘以其終不自爲大’에서 ‘不自爲大’는 스스로 크게 여기지 않는다는 뜻이고, ‘故能成其大’에서 ‘其大’는 더없이 큰 도의 모습이다. 그러므로 도는 스스로 크다고 여기지 않기 때문에 그처럼 크게 되었다는 뜻이다.

노자는 앞에서도 이미 자신의 이러한 생각을 밝혔다. ‘以其不自生, 故能長生’이라는 말이 7장에서 나왔다. 22장에는 ‘不自見故明, 不自是故彰, 不自伐故有功, 不自矜故長’이라는 말이 나와 있다. 모두 뭔가를 하려고 애쓰지 않아야 이루어진다는 뜻이다.

第三十五章

도를 지키고 천하로 나아가면
어느 곳을 가든 해를 입지 않고
늘 편안하고 평화롭고 한가롭다.
즐거운 음악과 맛있는 음식은
지나가는 사람을 멈추게 하지만
도는 입을 통해 밖으로 드러나도
너무나 어렴풋해 느낄 수가 없다.
보려고 해도 도무지 볼 수 없고
들으려고 해도 들을 수 없으며
아무리 베풀어도 다하지 않는다.

執大象, 天下往, 往而不害, 安平太. 樂與餌, 過客止, 道之
出口, 淡乎其無味. 視之不足見, 聽之不足聞, 用之不足既.

老子를 만나라

執大象, 天下往, 往而不害, 安平太.

도를 지키고 천하로 나아가면
어느 곳을 가든 해를 입지 않고
늘 편안하고 평화롭고 한가롭다.

노자는 25장에서 도에 억지로 '大'라는 이름을 붙였다. 따라서 '執大象'은 '執'이 '잡다'이고 '大象'은 도의 형상이니 도를 지킨다는 뜻이다. '天下往'은 '往'이 '가다'이니 세상으로 나아가는 것이고, '往而不害'는 '害'가 '해롭다'이니 어디를 가더라도 해로운 일이 생기지 않는다는 뜻이다. '安平太'에서 '安'은 몸이 편안한 것이고, '平'은 마음이 평화로운 것이며, '太'는 '통하다'이니 모든 일이 잘 풀려 삶이 한가롭다는 뜻이다.

樂與餌, 過客止, 道之出口, 淡乎其無味.

즐거운 음악과 맛있는 음식은
지나가는 사람을 멈추게 하지만
도는 입을 통해 밖으로 드러나도
너무나 어렴풋해 느낄 수가 없다.

'樂與餌'에서 '樂'은 즐거운 음악이고 '餌'는 맛있는 음식이며, '過客止'에서 '過客'은 지나가는 사람이고 '止'는 '멈추다'이다. '道之出口'는 도가 입에서 나온다는 말이니 입으로 도를 말한다는 뜻이고, '淡乎其無味'는 '淡'이 '어렴풋하다'이고 '味'는 '맛보다'이니 어렴풋해 느낄 수 없다는 뜻이다.

視之不足見, 聽之不足聞, 用之不足旣.

보려고 해도 도무지 볼 수 없고
들으려고 해도 들을 수 없으며
아무리 베풀어도 다하지 않는다.

'視之不見, 名曰夷, 聽之不聞, 名曰希'라는 말이 14장에서 나왔다. 보려고 해도 볼 수 없는 것을 夷라고 하고, 들으려 해도 들을 수 없는 것을 希라고 한다는 뜻이다. 그러므로 '視之不足見'은 夷를 가리키고 '聽之不足聞'은 希를 가리키니 도의 본질을 말한 것이다. '用之不足旣'는 '用'이 '베풀다'이고 '旣'는 '다하다'이니 도는 아무리 베풀어도 다하지 않는다는 뜻이다.

第三十六章

줄어들게 하려면 반드시 먼저 늘어나게 하고
약해지게 하려면 반드시 먼저 강해지게 하고
쇠하도록 하려면 반드시 먼저 흥하도록 하고
빼앗으려고 하면 반드시 먼저 주어야만 한다.
이러한 것을 드러나지 않는 밝음이라고 한다.
부드럽고 약한 것이 굳고 강한 것보다 나으니
물고기는 연못 밖으로 나오게 해서는 안 되고
나라의 엄한 법은 백성에게 알려서는 안 된다.

將欲歙之, 必固張之, 將欲弱之, 必固強之, 將欲廢之, 必固興之, 將欲奪之, 必固與之, 是謂微明. 柔弱勝剛強, 魚不可脫於淵, 國之利器不可以示人.

將欲歙之, 必固張之, 將欲弱之, 必固強之,
將欲廢之, 必固興之, 將欲奪之, 必固與之, 是謂微明.

줄어들게 하려면 반드시 먼저 늘어나게 하고
약해지게 하려면 반드시 먼저 강해지게 하고
쇠하도록 하려면 반드시 먼저 흥하도록 하고
빼앗으려고 하면 반드시 먼저 주어야만 한다.
이러한 것을 드러나지 않는 밝음이라고 한다.

'將欲歙之, 必固張之'에서 '歙'은 '줄어들다'이고, '固'는 '처음부터'이며, '張'은 '펼치다'이다. 따라서 줄어들게 하려면 반드시 먼저 늘어나게 해야 한다는 뜻이다. '將欲廢之, 必固興之'에서 '廢'는 '쇠퇴하다'이고, '興'은 '번성하다'이다. '將欲奪之, 必固與之'에서 '奪'은 '빼앗다'이고, '與'는 '주다'이다. '是謂微明'에서 '微明'은 '微'가 '어렴풋하다'이니 드러나지 않는 밝음이다.

柔弱勝剛強, 魚不可脫於淵, 國之利器不可以示人.

부드럽고 약한 것이 굳고 강한 것보다 나으니

老子를 만나라

물고기는 연못 밖으로 나오게 해서는 안 되고
나라의 엄한 법은 백성에게 알려서는 안 된다.

'柔弱勝剛强'에서 '柔弱'은 '柔'가 '부드럽다'이고 '弱'은 '약하다'이니 부드럽고 약한 것이고, '剛强'은 '剛'이 '굳다'이고 '强'은 '강하다'이니 굳고 강한 것이다. '魚不可脫於淵'은 '脫'이 '벗어나다'이니 물고기는 연못에서 나오게 하지 말고 부드럽고 약한 물속에서 살아가도록 해야 한다는 뜻이다.

'國之利器不可以示人'에서 '國之利器'는 나라의 이로운 도구이니 나라를 다스리는 엄한 법이고, '不可以示人'은 '示'가 '보이다'이고 '人'은 '백성'이니 백성들에게 알려서는 안 된다는 뜻이다. 그러므로 나라는 법으로 다스리려 하지 말고 無爲로 다스려야 한다는 가르침이다. '爲無爲, 則無不治'라는 말이 3장에서 나왔다. 하지 않는 듯이 하면 다스려지지 않는 것이 없다는 뜻이다.

第三十七章

도는 늘 하는 것이 없는 듯하나
언제라도 하지 않는 것이 없다.
임금이 그와 같이 할 수 있으면
만물은 저절로 본받게 될 것이다.
본받아도 애써 다스리려고 하면
나는 이름 없는 도로 말릴 것이다.
도는 억지로 하려는 것이 없으니
억지로 하지 않으면 고요해지고
천하는 저절로 편안해질 것이다.

道常無爲而無不爲. 侯王若能守之, 萬物將自化. 化而欲
作, 吾將鎭之以無名之樸. 無名之樸, 夫亦將無欲, 不欲以
靜, 天下將自定.

老子를 만나라

道常無爲而無不爲.

도는 늘 하는 것이 없는 듯하나
언제라도 하지 않는 것이 없다.

‘道常無爲而無不爲’에서 ‘無爲’는 아무것도 하지 않는 것이 아니라 하
지 않는 듯이 자연스럽게 하는 것이고, ‘不爲’는 하지 않는 것이다. 그러
므로 도는 언제나 하는 것이 없는 듯해도 하지 않는 것이 없다는 뜻이
다. 도는 아무것도 하지 않는 것 같지만 만물을 낳고 기르고 보살핀다.

侯王若能守之, 萬物將自化.
化而欲作, 吾將鎭之以無名之樸.

임금이 그와 같이 할 수 있으면
만물은 저절로 본받게 될 것이다.
본받아도 애써 다스리려고 하면
나는 이름 없는 도로 말릴 것이다.

‘侯王若能守之’에서 ‘守之’는 ‘之’가 도를 가리키니 도를 지킨다는 뜻이고, '萬物將自化'는 '化'가 '본받다'이니 만물이 시키지 않아도 스스로 따른다는 뜻이다.

'化而欲作'에서 '欲作'은 '作'이 '짓다'이니 뭔가를 하려고 하는 것으로 애써 다스리려 한다는 뜻이다. '吾將鎭之以無名之樸'에서 '鎭之'는 '鎭' 이 '누르다'이고 '之'는 '侯王'을 가리키니 임금이 다스리지 못하게 하는 것이고, '無名之樸'은 '樸'이 꾸밈없이 수수한 통나무이니 도를 뜻한다.

無名之樸, 夫亦將無欲, 不欲以靜, 天下將自定.

도는 억지로 하려는 것이 없으니
억지로 하지 않으면 고요해지고
천하는 저절로 편안해질 것이다.

'無名之樸, 夫亦將無欲'에서 '無欲'은 '欲'이 '하고자 하다'이니 억지로 하려고 하지 않는다는 뜻이다. '不欲以靜'은 억지로 하려고 하지 않기 때문에 세상이 고요해진다는 뜻이고, '天下將自定'은 '定'이 '편안하다' 이니 천하가 저절로 편안해진다는 뜻이다.

　　　　　　　　　　　　　老子를 만나라

第三十八章

큰 덕은 덕으로 여기지 않으므로 덕이 있고

작은 덕은 덕을 잊지 않으려 하니 덕이 없다.

큰 덕은 나타내지 않아 베풂이 없는 듯하고

작은 덕은 나타내니 베풂이 있는 듯하다.

큰 인은 드러내도 하는 것이 없는 듯하고

큰 의는 드러내면 하는 것이 있는 듯하며

큰 예는 보이고 따르지 않으면 억지로 시킨다.

그러하니 도를 잃고 난 뒤에 덕이 생겨나고

덕을 잃고 난 뒤에 인이 생겨나며

인을 잃고 난 뒤에 의가 생겨나고

의를 잃고 난 뒤에 예가 생겨난다.

예라는 것은 정성과 믿음이 부족하니

어지러움은 그것에서 시작된다.

지혜라는 것은 도의 화려한 겉모습이니

어리석음은 그것에서 비롯된다.

이에 도를 지키며 살아가는 사람들은

큰 덕을 베풀 뿐 작은 덕은 베풀지 않고

참된 것을 가까이하고 화려한 것은 멀리한다.

그러므로 드러내려 하지 않고 가슴속에 지닌다.

上德不德, 是以有德, 下德不失德, 是以無德. 上德無爲
而無以爲, 下德爲之而有以爲. 上仁爲之而無以爲, 上義
爲之而有以爲. 上禮爲之而莫之應, 則攘臂而扔之. 故失
道而後德, 失德而後仁, 失仁而後義, 失義而後禮. 夫禮者,
忠信之薄, 而亂之首. 前識者, 道之華, 而愚之始. 是以大
丈夫處其厚, 不居其薄, 處其實, 不居其華. 故去彼取此.

上德不德, 是以有德, 下德不失德, 是以無德.
上德無爲而無以爲, 下德爲之而有以爲.

큰 덕은 덕으로 여기지 않으므로 덕이 있고
작은 덕은 덕을 잊지 않으려 하니 덕이 없다.
큰 덕은 나타내지 않아 베풂이 없는 듯하고
작은 덕은 나타내니 베풂이 있는 듯하다.

'上德不德, 是以有德'에서 첫 번째 '德'은 명사이고 두 번째 '德'은 '덕

 　　　　　　　　　　　　　　老子를 만나라

으로 여기다'로 동사이다. 따라서 큰 덕을 베푼 사람은 덕을 베풀었다고 여기지 않으므로 덕이 있다는 뜻이다. '下德不失德, 是以無德'은 '不失德'이 덕을 잃지 않는 것이니 작은 덕을 베푼 사람은 덕을 베풀고 남이 알아주기를 바라기 때문에 덕이 없다는 뜻이다.

'上德無爲而無以爲'에서 '無爲'는 나타내지 않고 베푸는 것이고, '無以爲'는 베푸는 것이 드러나지 않는다는 뜻이다. '下德爲之而有以爲'에서 '爲之'는 '之'가 '德'을 가리키니 덕을 나타내며 베푸는 것이고, '有以爲'는 베푸는 것이 드러난다는 뜻이다.

上仁爲之而無以爲, 上義爲之而有以爲.
上禮爲之而莫之應, 則攘臂而扔之.

큰 인은 드러내도 하는 것이 없는 듯하고
큰 의는 드러내면 하는 것이 있는 듯하며
큰 예는 보이고 따르지 않으면 억지로 시킨다.

'上仁爲之'에서 '爲之'는 '之'가 仁을 가리키니 인을 나타내는 것이고, '上義爲之'에서 '爲之'는 '之'가 義를 가리키니 의를 나타내는 것이다.

'上禮爲之而莫之應'에서 '之'는 모두 禮를 가리키고 '應'은 '응하다'이다. 그러므로 '爲之'는 예를 나타내 보이는 것이고, '莫之應'은 예를 따르지 않는다는 뜻이다. '攘臂而扔之'에서 '攘'은 '걷어 올리다'이고 '臂'는 '팔'이

며, '扔'은 '끌어당기다'이고 '之'는 사람을 가리킨다. 따라서 팔을 걷어 올
리고 사람을 끌어당긴다는 말이니 억지로 따르게 한다는 뜻이다.

故失道而後德, 失德而後仁, 失仁而後義, 失義而後禮.

그러하니 도를 잃고 난 뒤에 덕이 생겨나고
덕을 잃고 난 뒤에 인이 생겨나며
인을 잃고 난 뒤에 의가 생겨나고
의를 잃고 난 뒤에 예가 생겨난다.

'失道而後德'은 '失道'가 도를 잃는 것이고 '德'은 '덕을 베풀다'이니 도
가 무너지면 덕이 생겨난다는 뜻이다. '失德而後仁'에서 '失德'은 덕이
무너지는 것이고, '仁'은 인을 베푼다는 뜻이다. '失仁而後義'에서 '失仁'
은 인이 무너지는 것이고, '義'는 의를 행한다는 뜻이다. '失義而後禮'에
서 '失義'는 의가 무너지는 것이고, '禮'는 예를 따른다는 뜻이다.

夫禮者, 忠信之薄, 而亂之首.
前識者, 道之華, 而愚之始.

예라는 것은 정성과 믿음이 부족하니
어지러움은 그것에서 시작된다.

 老子를 만나라

지혜라는 것은 도의 화려한 겉모습이니
어리석음은 그것에서 비롯된다.

‘夫禮者, 忠信之薄’에서 ‘忠信’은 정성과 믿음이고, ‘薄’은 ‘적다’이니 부족하다는 뜻이다. ‘亂之首’는 ‘首’가 ‘머리’이니 어지러움의 시작이다.

‘前識者’는 ‘前’이 ‘먼저’이고 ‘識’은 ‘알다’이니 남보다 먼저 아는 것으로 지혜를 뜻한다. ‘道之華’는 ‘華’가 ‘화려하다’이니 도의 화려한 겉모습이고, ‘愚之始’는 ‘愚’가 ‘어리석다’이고 ‘始’는 ‘처음’이니 어리석음의 시작이다.

是以大丈夫處其厚, 不居其薄, 處其實, 不居其華.
故去彼取此.

이에 도를 지키며 살아가는 사람들은
큰 덕을 베풀 뿐 작은 덕은 베풀지 않고
참된 것을 가까이하고 화려한 것은 멀리한다.
그러므로 드러내려 하지 않고 가슴속에 지닌다.

‘是以大丈夫處其厚, 不居其薄’에서 ‘大丈夫’는 성인에 미치지는 못해도 도를 지키며 세상을 살아가는 사람으로 보아야 할 것이다. ‘處其厚’는 ‘厚’가 ‘두텁다’이니 큰 덕을 베푼다는 뜻이고, ‘不居其薄’은 ‘薄’이 ‘적

다'이니 작은 덕을 베풀지 않는다는 뜻이다. '處其實'은 '實'이 '실하다'
이니 참된 것을 가까이한다는 뜻이고, '不居其華'는 '華'가 '화려하다'이
니 화려한 것을 멀리한다는 뜻이다. '去彼取此'에서 '彼'는 '薄'과 '華'를
가리키고, '此'는 '厚'와 '實'을 가리킨다.

老子를 만나라

第三十九章

먼 옛날 하나를 얻은 것들이 있었으니

하늘이 하나를 얻어 맑아지고

땅이 하나를 얻어 고요해지고

신이 하나를 얻어 신령스러워지고

골짜기가 하나를 얻어 가득 차게 되고

만물이 하나를 얻어 자라나게 되고

임금이 하나를 얻어 천하의 거울이 되었다.

그 모두가 그와 같이 되었으나

하늘이 맑지 않으면 장차 찢어질까 두렵고

땅이 고요하지 않으면 터질까 두렵고

신이 신령스럽지 않으면 할 일을 못 할까 두렵고

골짜기가 가득 차지 않으면 비어 버릴까 두렵고

만물이 자라나지 않으면 사라질까 두렵고

임금이 고귀하지 않으면 자리를 잃을까 두렵다.

그러하니 귀한 것은 천한 것을 근본으로 삼고

높은 것은 낮은 것을 바탕으로 삼는다.

이에 임금은 스스로 외롭고 덕이 없고 불행하다고 한다.

이는 천한 것을 근본으로 삼기 때문이 아니겠는가?

그러므로 애써 높이 오르려고 하면 오를 수가 없으니
옥처럼 빛나려 하지 말고 볼품없는 돌처럼 되어야 한다.

昔之得一者, 天得一以清, 地得一以寧, 神得一以靈, 谷
得一以盈, 萬物得一以生, 侯王得一以爲天下貞. 其致之,
天無以清將恐裂, 地無以寧將恐發, 神無以靈將恐歇, 谷
無以盈將恐竭, 萬物無以生將恐滅, 侯王無以貴高將恐蹶.
故貴以賤爲本, 高以下爲基. 是以侯王自謂孤寡不穀. 此
非以賤爲本邪, 非乎? 故致數輿無輿, 不欲琭琭如玉, 珞珞
如石.

解說

昔之得一者, 天得一以清, 地得一以寧, 神得一以靈,
谷得一以盈, 萬物得一以生, 侯王得一以爲天下貞.

먼 옛날 하나를 얻은 것들이 있었으니
하늘이 하나를 얻어 맑아지고
땅이 하나를 얻어 고요해지고
신이 하나를 얻어 신령스러워지고

　　　　　　　　　　老子를 만나라

골짜기가 하나를 얻어 가득 차게 되고

만물이 하나를 얻어 자라나게 되고

임금이 하나를 얻어 천하의 거울이 되었다.

'昔之得一者'는 '昔'이 '옛날'이고 '一'은 도를 뜻하니 옛날에 도를 얻은 것으로 뒤에 이어지는 天·地·神·谷·萬物·侯王을 가리킨다. '天得 一以淸'은 '淸'이 '맑다'이니 하늘은 도를 따르기 때문에 맑아졌다는 뜻이다. '地得一以寧'에서 '寧'은 '편안하다'이니 고요해졌다는 뜻이고, '神得一以靈'에서 '靈'은 '신령하다'이니 신령스러워졌다는 뜻이다. '谷得 一以盈'에서 '盈'은 '가득하다'이니 가득 차게 되었다는 뜻이고, '萬物得 一以生'에서 '生'은 '자라다'이니 자라나게 되었다는 뜻이다. '侯王得一 以爲天下貞'에서 '天下貞'은 '貞'이 '곧다'이니 천하에서 곧은 것으로 세상 사람들의 본보기이다.

其致之, 天無以淸將恐裂, 地無以寧將恐發, 神無以靈將恐歇, 谷無以盈將恐竭, 萬物無以生將恐滅, 侯王無以貴高將恐蹶.

그 모두가 그와 같이 되었으나

하늘이 맑지 않으면 장차 찢어질까 두렵고

땅이 고요하지 않으면 터질까 두렵고

신이 신령스럽지 않으면 할 일을 못 할까 두렵고

골짜기가 가득 차지 않으면 비어 버릴까 두렵고
만물이 자라나지 않으면 사라질까 두렵고
임금이 고귀하지 않으면 자리를 잃을까 두렵다.

'其致之'에서 '其'는 天·地·神·谷·萬物·侯王을 가리키고, '之'는 淸·寧·靈·盈·生·爲天下貞을 가리킨다. '天無以淸將恐裂'은 '恐'이 '두렵다'이고 '裂'은 '찢어지다'이니 하늘이 맑지 않으면 찢어질까 두렵다는 뜻이다. '地無以寧將恐發'에서 '發'은 '열리다'이니 터지는 것이고, '神無以靈將恐歇'에서 '歇'은 '그치다'이니 할 일을 못 하는 것이다. '谷無以盈將恐竭'에서 '竭'은 '다하다'이니 비어 버리는 것이고, '萬物無以生將恐滅'에서 '滅'은 '멸하다'이니 사라지는 것이다. '侯王無以貴高將恐蹶'은 '蹶'이 '넘어지다'이니 임금이 고귀하지 않으면 자기의 자리를 지키지 못하고 나라를 잃을까 두렵다는 뜻이다.

故貴以賤爲本, 高以下爲基.
是以侯王自謂孤寡不穀.
此非以賤爲本邪, 非乎?

그러하니 귀한 것은 천한 것을 근본으로 삼고
높은 것은 낮은 것을 바탕으로 삼는다.
이에 임금은 스스로 외롭고 덕이 없고 불행하다고 한다.

이는 천한 것을 근본으로 삼기 때문이 아니겠는가?

'貴以賤爲本'은 귀한 것은 천한 것을 근본으로 삼기 때문에 귀하게 된다는 뜻이고, '高以下爲基'는 높은 것은 낮은 것을 바탕으로 삼기 때문에 높게 된다는 뜻이다. 그러므로 위에 나온 天·地·神·谷·萬物·侯王은 보잘것없는 도를 따랐기에 그와 같이 되었다는 것이다.

'是以侯王自謂孤寡不穀'에서 '孤'는 '외롭다'이고, '寡'는 '적다'로 덕이 없다는 뜻이며, '穀'은 '행복'이다. 따라서 임금은 스스로 외롭고 덕이 없고 불행하다고 말한다는 뜻이다. '此非以賤爲本邪, 非乎'는 임금이 스스로 '孤寡不穀'이라고 말하는 것은 천한 백성을 근본으로 삼기 때문이라는 뜻이다.

故致數輿無輿, 不欲琭琭如玉, 珞珞如石.

그러므로 애써 높이 오르려고 하면 오를 수가 없으니
옥처럼 빛나려 하지 말고 볼품없는 돌처럼 되어야 한다.

'致數輿無輿'에서 '致'는 '이르다'이고, '數'는 '헤아리다'이며, '輿'는 '명예'이다. 그러므로 명예는 억지로 얻으려고 하면 얻을 수 없다는 뜻이다. '琭琭如玉'에서 '琭琭'은 '琭'이 '옥'이니 옥처럼 빛나는 모습이고, '珞珞如石'에서 '珞珞'은 '珞'이 '조약돌'이니 조약돌처럼 작고 볼품없는 모양이다.

第四十章

만물이 되돌아가는 것은
도가 움직이기 때문이고
만물이 약해지는 것은
도가 보살피기 때문이다.
만물은 유에서 생겨났고
유는 무에서 비롯되었다.

反者道之動, 弱者道之用. 天下萬物生於有, 有生於無.

老子를 만나라

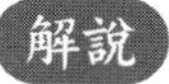

反者道之動, 弱者道之用.

만물이 되돌아가는 것은
도가 움직이기 때문이고
만물이 약해지는 것은
도가 보살피기 때문이다.

'反者道之動'은 '反者'가 돌아가는 것이고 '道之動'은 도의 움직임이니 만물이 되돌아가는 것은 도가 움직여 주기 때문이라는 뜻이다. '夫物芸芸, 各復歸其根'이라는 말이 16장에 나와 있다. 만물은 다 자라나면 모두 처음으로 되돌아간다는 뜻이다. 도는 만물을 낳은 뒤에 기르고 보살피지만 때가 되면 처음의 상태로 돌아가게 한다.

'弱者道之用'에서 '弱者'는 약해지는 것이고, '道之用'은 '用'이 '베풀다'이니 도의 베풂이다. 따라서 만물이 약해지는 것은 도가 보살펴 주기 때문이라는 뜻이다. '柔弱勝剛强'이라는 말이 36장에 나와 있다. 부드럽고 약한 것이 굳고 강한 것을 이긴다는 뜻이다. 도는 만물을 강하게 하지 않고 약해지게 하니 그것이 곧 보살핌이다.

天下萬物生於有, 有生於無.

만물은 유에서 생겨났고
유는 무에서 비롯되었다.

  첫 장에 '無名天地之始, 有名萬物之母'라는 말이 나와 있다. 이름 없는
것이 천지의 시작이고, 이름 가진 것이 만물의 어머니라는 뜻이다. 여기
서 無名은 이름이 없는 것으로 無이고, 有名은 맨 먼저 이름을 얻은 천
지로 有이다. 그러므로 '天下萬物生於有'는 천하의 만물은 천지에서 생
겨났다는 뜻이고, '有生於無'는 천지는 무에서 비롯되었다는 뜻이다.

老子를 만나라

第四十一章

덕을 쌓은 사람이 도를 들으면 힘써 행하고
평범한 사람이 들으면 알 듯 모를 듯이 하고
어리석은 사람이 들으면 큰 소리로 웃는다.
웃지 않으면 도가 아니라고 여기기 때문이다.
그리하여 이러한 말들이 생겨났다.
밝게 드러나는 도는 잘 보이지 않고
퍼져 나가는 도는 사라지는 것 같고
바른 도는 그릇된 곳이 있는 듯하다.
아주 큰 덕은 텅 빈 골짜기와 같고
너무 깨끗한 것은 얼룩이 진 듯하고
널리 베푸는 덕은 모자라는 것 같고
본받아야 할 덕은 보잘것없는 듯하다.
바탕이 참된 것은 변할 듯이 보이고
아주 큰 곳은 모가 져도 모퉁이가 없고
큰 그릇은 만들려고 하면 오래 걸리고
몹시 큰 소리는 들어도 잘 들리지 않고
너무 큰 것은 그 모습이 보이지 않는다.
도는 드러나지 않아 이름을 붙일 수 없으나

오직 만물을 끊임없이 보살피고 자라나게 한다.

上士聞道, 勤而行之, 中士聞道, 若存若亡, 下士聞道, 大
笑之. 不笑不足以爲道. 故建言有之, 明道若昧, 進道若退,
夷道若纇, 上德若谷, 大白若辱, 廣德若不足, 建德若偸,
質眞若渝, 大方無隅, 大器晩成, 大音希聲, 大象無形. 道
隱無名, 夫唯道, 善貸且成.

上士聞道, 勤而行之,
中士聞道, 若存若亡,
下士聞道, 大笑之. 不笑不足以爲道.

덕을 쌓은 사람이 도를 들으면 힘써 행하고
평범한 사람이 들으면 알 듯 모를 듯이 하고
어리석은 사람이 들으면 큰 소리로 웃는다.
웃지 않으면 도가 아니라고 여기기 때문이다.

'上士聞道'에서 '上士'는 '上'이 '높다'이고 '士'는 '남자'로 사람을 뜻하

                                        老子를 만나라

니 덕을 쌓은 훌륭한 사람이다. '勤而行之'는 '勤'이 '힘쓰다'이고 '之'는 도를 가리키니 힘써 도를 따른다는 뜻이다.

'中士聞道'에서 '中士'는 '中'이 '가운데'이니 잘나지도 못나지도 않은 평범한 사람이고, '若存若亡'는 '存'이 '있다'이고 '亡'는 '없다'이니 알 듯 모를 듯이 한다는 뜻이다.

'下士聞道'에서 '下士'는 '下'가 '못하다'이니 어리석은 사람이고, '大笑之'는 '笑'가 '웃다'이고 '之'가 도를 가리키니 도를 듣고 큰 소리로 웃는다는 뜻이다. 즉 도가 무엇인지 알았다는 듯이 가볍게 구는 것이다. '不笑不足以爲道'는 웃지 않으면 도로 여길 수 없기 때문에 크게 웃는다는 뜻이다.

故建言有之, 明道若昧, 進道若退, 夷道若纇,

그리하여 이러한 말들이 생겨났다.
밝게 드러나는 도는 잘 보이지 않고
퍼져 나가는 도는 사라지는 것 같고
바른 도는 그릇된 곳이 있는 듯하다.

'故建言有之'에서 '建言'은 '建'이 '세우다'이니 전해져 내려오는 말이고, '之'는 뒤에 이어지는 말들을 가리킨다. '明道若昧'는 '明'이 '밝다'이고 '昧'는 '어둡다'이니 밝게 드러나는 도는 잘 보이지 않는다는 뜻이다.

‘進道若退’에서 ‘進道’는 ‘進’이 ‘나아가다’이니 널리 퍼져 나가는 도이고, ‘若退’는 ‘退’가 ‘물러나다’이니 사라지는 것 같다는 뜻이다. ‘夷道若纇’에서 ‘夷道’는 ‘夷’가 ‘평평하다’이니 바른 도이고, ‘若纇’는 ‘纇’가 ‘어그러지다’이니 그릇된 곳이 있는 듯하다는 뜻이다.

　　上德若谷, 大白若辱, 廣德若不足, 建德若偸,

　　아주 큰 덕은 텅 빈 골짜기와 같고
　　너무 깨끗한 것은 얼룩이 진 듯하고
　　널리 베푸는 덕은 모자라는 것 같고
　　본받아야 할 덕은 보잘것없는 듯하다.

　‘上德若谷’에서 ‘上德’은 드러나지 않게 베푸는 큰 덕이고, ‘若谷’은 ‘谷’이 ‘골짜기’이니 텅 빈 골짜기처럼 보인다는 뜻이다. ‘大白若辱’에서 ‘大白’은 지나치게 깨끗한 것이고, ‘若辱’은 ‘辱’이 ‘더럽히다’이니 더럽혀진 곳이 있는 듯하다는 뜻이다. ‘廣德若不足’에서 ‘廣德’은 ‘廣’이 ‘넓다’이니 널리 베푸는 덕이고, ‘若不足’은 ‘足’이 ‘족하다’이니 모자라는 듯하다는 뜻이다. ‘建德若偸’에서 ‘建德’은 ‘建’이 ‘세우다’이니 본받을 만한 덕이고, ‘若偸’는 ‘偸’가 ‘엷다’이니 보잘것없는 것 같다는 뜻이다.

　　質眞若渝, 大方無隅, 大器晚成, 大音希聲, 大象無形.

　　　　　　　　　　　　　　　　　　　老子를 만나라

바탕이 참된 것은 변할 듯이 보이고
아주 큰 곳은 모가 져도 모퉁이가 없고
큰 그릇은 만들려고 하면 오래 걸리고
몹시 큰 소리는 들어도 잘 들리지 않고
너무 큰 것은 그 모습이 보이지 않는다.

'質眞若渝'는 '質'이 '바탕'이고 '渝'는 '변하다'이니 바탕이 참된 것은 변할 것 같다는 뜻이다. '大方無隅'는 '方'이 '모'이고 '隅'는 '모퉁이'이니 아주 큰 곳은 모가 져도 모진 것을 느끼지 못한다는 뜻이고, '大器晩成'은 '晩'이 '늦다'이고 '成'은 '이루다'이니 큰 그릇은 만들려고 하면 많은 시간이 걸린다는 뜻이다. '大音希聲'은 '希'가 '드물다'이니 몹시 큰 소리는 잘 들리지 않는다는 뜻이고, '大象無形'은 '形'이 '나타나다'이니 너무 큰 형상은 보이지 않는다는 뜻이다.

道隱無名, 夫唯道, 善貸且成.

도는 드러나지 않아 이름을 붙일 수 없으나
오직 만물을 끊임없이 보살피고 자라나게 한다.

'道隱無名'은 '隱'이 '숨다'이니 도는 보이지 않아 이름을 붙일 수 없다는 뜻이다. '夫唯道, 善貸且成'에서 '善'은 '많이'이고, '貸'는 '베풀다'이

며, '成'은 '자라다'이다. 따라서 도는 만물을 위해 끊임없이 베풀고 또
그것들이 잘 자라나도록 도와준다는 뜻이다.

第四十二章

도는 하나를 낳고 하나는 둘을 낳고
둘은 셋을 낳고 셋은 만물을 낳는다.
만물은 모두 음을 지고 양을 안고
기운을 부드럽게 하여 조화를 이룬다.
사람들이 싫어하는 것은 오로지
외롭고 덕이 없고 불행한 것이나
왕과 제후는 스스로 그렇다고 말한다.
그처럼 만물은 늘 줄이면 더하게 되고
더하면 언제나 저절로 줄어들게 된다.
사람들이 가르치는 것을 나 또한 가르치니
강하고 사나운 것은 제명을 다하지 못한다.
나는 이를 첫 번째 가르침으로 삼고자 한다.

道生一, 一生二, 二生三, 三生萬物. 萬物負陰而抱陽, 沖
氣以爲和. 人之所惡, 唯孤寡不穀, 而王公以爲稱. 故物或
損之而益, 或益之而損. 人之所敎, 我亦敎之. 強梁者不得
其死, 吾將以爲敎父.

道生一, 一生二, 二生三, 三生萬物.
萬物負陰而抱陽, 沖氣以爲和.

도는 하나를 낳고 하나는 둘을 낳고
둘은 셋을 낳고 셋은 만물을 낳는다.
만물은 모두 음을 지고 양을 안고
기운을 부드럽게 하여 조화를 이룬다.

'道生一, 一生二, 二生三, 三生萬物'은 도에서 만물이 생겨나는 과정을 설명한 것이다. 도가 만물을 낳을 때 아무런 형상이 없으니 그것이 곧 무이다. 무는 음과 양을 생겨나게 하고, 음과 양은 서로 조화를 이루어 천지를 낳는다. 그리고 천지는 마침내 만물을 낳는다.

그러므로 '道生一'은 '一'이 무를 가리키니 도에서 무가 생겨난다는 뜻이고, '一生二'는 '二'가 음과 양을 가리키니 무에서 음과 양이 생겨난다는 뜻이다. '二生三'은 '三'이 하늘과 땅과 그 사이의 텅 빈 곳으로 천지를 뜻하니 음과 양이 천지를 낳는다는 뜻이고, '三生萬物'은 '三'이 천지이니 천지가 만물을 낳는다는 뜻이다.

'萬物負陰而抱陽'은 '負陰'이 음을 등에 지는 것이고 '抱陽'은 양을 가슴에 안는 것이니 만물은 모두 음과 양을 지니고 있다는 뜻이다. '沖氣

老子를 만나라

以爲和'에서 '沖氣'는 '沖'이 '온화하다'이니 기운을 부드럽게 하는 것이고, '爲和'는 '和'가 '고르다'이니 조화롭게 되는 것이다. 따라서 기운을 부드럽게 하여 조화를 이룬다는 뜻이다.

    人之所惡, 唯孤寡不穀, 而王公以爲稱.
    故物或損之而益, 或益之而損.

    사람들이 싫어하는 것은 오로지
    외롭고 덕이 없고 불행한 것이나
    왕과 제후는 스스로 그렇다고 말한다.
    그처럼 만물은 늘 줄이면 더하게 되고
    더하면 언제나 저절로 줄어들게 된다.

'人之所惡'는 사람들이 싫어하는 것이고, '孤寡不穀'은 외롭고 덕이 없고 불행하다는 뜻이다. '王公以爲稱'에서 '王公'은 왕과 제후이고, '稱'은 '일컫다'이다. 따라서 왕과 제후는 스스로 '孤寡不穀'이라고 말한다는 뜻이다.

'故物或損之而益, 或益之而損'에서 '損'은 '줄다'이고, '益'은 '더하다'이며, '之'는 대명사로 정해지지 않은 것을 가리킨다. 그러므로 만물은 언제나 줄이면 더하게 되고 더하면 줄어들게 된다는 뜻이다. 적어지면 더하게 되고 많아지면 줄어들게 되니 대자연의 이치를 말한 것이다.

人之所教, 我亦教之.
强梁者不得其死, 吾將以爲教父.

사람들이 가르치는 것을 나 또한 가르치니
강하고 사나운 것은 제명을 다하지 못한다.
나는 이를 첫 번째 가르침으로 삼고자 한다.

'人之所教'는 사람들이 가르치는 것이고, '我亦教之'는 '之'가 '人之所教'를 가리키니 나 또한 사람들이 가르치는 것을 가르친다는 뜻이다.

'强梁者不得其死'에서 '强梁者'는 '强'이 '강하다'이고 '梁'은 '사납다'이니 강하고 사나운 것이고, '不得其死'는 '其死'가 자신의 죽음이니 제명을 다하지 못한다는 뜻이다. '吾將以爲教父'에서 '教父'는 '父'가 '처음'으로 근본을 뜻하니 가장 중요한 가르침이다.

老子를 만나라

第四十三章

천하에서 더없이 부드러운 것이

더없이 단단한 것을 향해 달려가고

아무런 형상조차 없는 것이

작은 틈도 없는 곳으로 스며든다.

나는 이로써 하지 않는 듯이 하는 것이

이루어 나가는 길이라는 것을 안다.

아무런 말 없이 가르쳐야 하고

하지 않는 듯이 이루어야 하지만

천하에 이처럼 하는 사람은 많지 않다.

天下之至柔, 馳騁天下之至堅, 無有入無間. 吾是以知無
爲之有益. 不言之敎, 無爲之益, 天下希及之.

天下之至柔, 馳騁天下之至堅, 無有入無間.

천하에서 더없이 부드러운 것이
더없이 단단한 것을 향해 달려가고
아무런 형상조차 없는 것이
작은 틈도 없는 곳으로 스며든다.

‘天下之至柔’는 ‘至’가 ‘가장’이고 ‘柔’는 ‘부드럽다’이니 천하에서 가장 부드러운 것으로 물을 가리킨다. ‘馳騁天下之至堅’에서 ‘馳’와 ‘騁’은 모두 ‘달리다’이고, ‘至堅’은 ‘堅’이 ‘굳다’이니 가장 단단한 것이다. 따라서 물은 그 부드러움으로 아무리 강한 것도 이길 수 있다는 뜻이다.

‘無有入無間’에서 ‘無有’는 형상이 없는 것으로 도를 가리키고, ‘無間’은 ‘間’이 ‘틈’이니 틈이 없는 곳이다. 그러므로 도는 어디든 미치지 않는 곳이 없다는 뜻이다.

吾是以知無爲之有益.
不言之教, 無爲之益, 天下希及之.

나는 이로써 하지 않는 듯이 하는 것이

老子를 만나라

이루어 나가는 길이라는 것을 안다.
아무런 말 없이 가르쳐야 하고
하지 않는 듯이 이루어야 하지만
천하에 이처럼 하는 사람은 많지 않다.

‘吾是以知無爲之有益’에서 ‘是’는 앞에 나온 물과 도의 움직임이고, ‘無爲’는 물과 도의 움직임처럼 하지 않는 듯이 자연스럽게 하는 것이며, ‘有益’은 ‘益’이 ‘더하다’이니 뭔가를 이루어 나가는 것이다.

‘不言之敎’는 아무런 말 없이 가르치는 것이고, ‘無爲之益’는 하지 않는 듯이 하며 이루는 것이다. ‘天下希及之’에서 ‘希’는 ‘드물다’이고, ‘及’은 ‘이르다’이며, ‘之’는 ‘不言之敎’와 ‘無爲之益’을 가리킨다.

第四十四章

명예와 내 몸 중에 무엇이 더 소중하고
내 몸과 재물 중에 무엇이 더 귀중하며
얻음과 잃음 중에 무엇이 더 근심인가?
너무 아끼면 반드시 걱정이 많아지고
가진 것이 많으면 반드시 많이 잃는다.
만족할 줄 알면 욕된 일을 당하지 않고
멈출 줄 알면 해로운 일이 생기지 않으니
오래도록 내 몸을 지키며 살아갈 수 있다.

名與身孰親? 身與貨孰多? 得與亡孰病? 是故甚愛必大費, 多藏必厚亡. 知足不辱, 知止不殆, 可以長久.

老子를 만나라

名與身孰親?
身與貨孰多?
得與亡孰病?

명예와 내 몸 중에 무엇이 더 소중하고
내 몸과 재물 중에 무엇이 더 귀중하며
얻음과 잃음 중에 무엇이 더 근심인가?

'名與身孰親'은 '孰'이 '무엇'이고 '親'은 '친하다'이니 명예와 몸 중에서 무엇을 더 소중히 해야 하느냐는 말이다. '身與貨孰多'는 '多'가 '중히 여기다'이니 몸과 재물 중에 무엇을 더 귀중하게 여겨야 하느냐는 말이다. '得與亡孰病'에서 '得'은 '얻다'이고, '亡'은 '잃다'이며, '病'은 '근심하다'이다. 그러므로 얻는 것과 잃는 것 중에서 무엇을 더 근심해야 하느냐는 말이다.

是故甚愛必大費, 多藏必厚亡.

너무 아끼면 반드시 걱정이 많아지고
가진 것이 많으면 반드시 많이 잃는다.

‘是故甚愛必大費’에서 ‘甚’은 ‘몹시’이고, ‘愛’는 ‘아끼다’이며, ‘費’는 ‘쓰다’이다. 따라서 너무 아끼면 그것을 지키기 위해 반드시 걱정을 많이 하게 된다는 뜻이다. ‘多藏必厚亡’에서 ‘多藏’은 ‘藏’이 ‘감추다’이니 많이 가지고 있다는 뜻이고, ‘厚亡’은 ‘厚’가 ‘많다’이니 많이 잃는다는 뜻이다.

知足不辱, 知止不殆, 可以長久.

만족할 줄 알면 욕된 일을 당하지 않고
멈출 줄 알면 해로운 일이 생기지 않으니
오래도록 내 몸을 지키며 살아갈 수 있다.

‘知足不辱’은 ‘足’이 ‘족하다’이고 ‘辱’은 ‘욕되다’이니 만족할 줄 알면 욕된 일을 당하지 않는다는 뜻이다. ‘知止不殆’에서 ‘止’는 ‘멈추다’이니 더 가지려 하지 않는다는 뜻이고, ‘不殆’는 ‘殆’가 ‘위태하다’이니 해로운 일이 생기지 않는다는 뜻이다. ‘可以長久’는 ‘長’이 ‘길다’이고 ‘久’는 ‘오래다’이니 오래도록 자신을 지키며 편안한 삶을 누릴 수 있다는 뜻이다.

老子를 만나라

第四十五章

잘 만든 것은 흠이 있는 듯하나
아무리 오래 써도 그대로이고
가득 찬 것은 비어 있는 듯하나
아무리 꺼내 써도 다하지 않는다.
몹시 곧은 것은 굽은 것 같고
매우 잘 만든 것은 거칠어 보이며
너무 잘하는 말은 더듬는 듯하다.
바쁘게 움직이면 추위를 이기고
가만히 있으면 더위마저 이기니
맑은 마음으로 고요히 지내야 한다.

大成若缺, 其用不弊. 大盈若沖, 其用不窮. 大直若屈, 大
巧若拙, 大辯若訥. 躁勝寒, 靜勝熱, 清靜爲天下正.

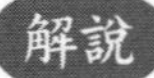

大成若缺, 其用不弊.
大盈若沖, 其用不窮.

잘 만든 것은 흠이 있는 듯하나
아무리 오래 써도 그대로이고
가득 찬 것은 비어 있는 듯하나
아무리 꺼내 써도 다하지 않는다.

'大成若缺'에서 '大成'은 아주 잘 만든 것이고, '缺'은 '흠'이다. 따라서 너무 잘 만든 것은 어딘지 모르게 흠이 있는 것처럼 보인다는 뜻이다. '其用不弊'는 '用'이 '쓰다'이고 '弊'는 '해지다'이니 아무리 오래 써도 낡거나 상하지 않는다는 뜻이다.

'大盈若沖, 其用不窮'에서 '大盈'은 '盈'이 '차다'이니 가득 찬 것이고, '若沖'은 '沖'이 '비다'이니 비어 있는 듯하다는 뜻이며, '不窮'은 '窮'이 '다하다'이니 다하지 않는다는 뜻이다.

大直若屈, 大巧若拙, 大辯若訥.

몹시 곧은 것은 굽은 것 같고

老子를 만나라

매우 잘 만든 것은 거칠어 보이며
너무 잘하는 말은 더듬는 듯하다.

'大直若屈'은 '直'이 '곧다'이고 '屈'은 '굽다'이니 몹시 곧은 것은 굽은 것처럼 보인다는 뜻이다. '大巧若拙'에서 '大巧'는 '巧'가 '솜씨가 있다'이니 솜씨를 부려 매우 잘 만든 것이고, '若拙'은 '拙'이 '서툴다'이니 거친 곳이 있는 듯하다는 뜻이다. '大辯若訥'에서 '辯'은 '말을 잘하다'이고, '訥'은 '말을 더듬다'이다.

躁勝寒, 靜勝熱, 清靜爲天下正.

바쁘게 움직이면 추위를 이기고
가만히 있으면 더위마저 이기니
맑은 마음으로 고요히 지내야 한다.

'躁勝寒'은 '躁'가 '조급하다'이고 '寒'은 '추위'이니 조급하게 움직이면 추위를 이길 수 있다는 뜻이고, '靜勝熱'은 '靜'이 '고요하다'이고 '熱'이 '더위'이니 고요히 지내면 더위를 이길 수 있다는 뜻이다. '清靜爲天下正'에서 '清靜'은 '清'이 '맑다'이니 맑은 마음으로 고요히 지내는 것이고, '爲天下正'은 '正'이 '바르다'이니 세상을 살아갈 때 가장 좋다는 뜻이다.

여기서 '躁'는 조급하게 움직이는 것이니 有爲를 뜻하고, '靜'은 고요

히 지내는 것이니 無爲를 뜻한다. '寒'과 '熱'은 어려운 일로 '寒'은 작은
것이고 '熱'은 큰 것이다. 작은 일은 有爲로 이겨 낼 수 있으나 큰일은
이겨 낼 수 없다. 하지만 無爲로는 작은 일뿐만 아니라 큰일도 이겨 낼
수 있다. 그래서 맑은 마음으로 고요히 지내라고 하는 것이다.

老子를 만나라

第四十六章

천하에 도가 있으면 달리던 말이 거름을 나르고
도가 없으면 병사의 말이 들에서 새끼를 낳는다.
화는 만족할 줄 모르는 것보다 더 큰 것이 없고
허물은 많이 가지려는 것보다 더 큰 것이 없다.
그러므로 넉넉하게 여기고 만족하면 늘 만족한다.

天下有道, 卻走馬以糞. 天下無道, 戎馬生於郊. 禍莫大
於不知足, 咎莫大於欲得. 故知足之足, 常足矣.

天下有道, 卻走馬以糞.
天下無道, 戎馬生於郊.

천하에 도가 있으면 달리던 말이 거름을 나르고
도가 없으면 병사의 말이 들에서 새끼를 낳는다.

'天下有道'는 천하에 도가 있어서 사람들이 도를 지키며 살아간다는
뜻이다. '卻走馬以糞'에서 '卻'은 '물러나다'이고, '走馬'는 달리는 말이
며, '糞'은 '거름을 주다'이다. 따라서 전쟁터에서 달리던 말을 돌려보내
농사일에 쓰이도록 한다는 뜻이다.

'天下無道'는 천하에 도가 없어서 사람들이 도를 지키지 않고 살아간
다는 뜻이다. '戎馬生於郊'에서 '戎'은 병사이고, '生'은 '낳다'이며, '郊'는
'성 밖'이다. 그러므로 병사가 타는 말이 성 밖에 있는 거친 들판에서
새끼를 낳는다는 뜻이다.

禍莫大於不知足, 咎莫大於欲得.
故知足之足, 常足矣.

화는 만족할 줄 모르는 것보다 더 큰 것이 없고

老子를 만나라

허물은 많이 가지려는 것보다 더 큰 것이 없다.
그러므로 넉넉하게 여기고 만족하면 늘 만족한다.

‘禍莫大於不知足’은 ‘於’가 ‘~보다’이고 ‘不知足’은 만족할 줄 모르는 것이니 세상에서 만족할 줄 모르는 것보다 더 큰 화는 없다는 뜻이다. ‘咎莫大於欲得’에서 ‘咎’는 ‘허물’이고, ‘欲得’은 더 가지려고 하는 것이다.

‘故知足之足, 常足矣’에서 첫 번째 ‘足’은 ‘넉넉하다’이고, ‘之’는 자기가 가진 것을 가리키며, 두 번째 ‘足’과 세 번째 ‘足’은 모두 ‘족하다’이다. 따라서 가진 것을 넉넉하게 여기고 그것에 만족하면 언제나 만족할 수 있다는 뜻이다.

第四十七章

집 밖으로 나가지 않고도 천하를 알 수 있고
창밖을 살피지 않고도 하늘의 도를 볼 수 있다.
멀리 가면 갈수록 아는 것은 더욱더 적어진다.
그러므로 성인은 밖으로 나다니지 않고도 알고
보지 않고도 밝히고 하지 않는 것처럼 이룬다.

不出戶, 知天下, 不闚牖, 見天道. 其出彌遠, 其知彌少.
是以聖人不行而知, 不見而名, 不爲而成.

不出戶, 知天下, 不闚牖, 見天道.

집 밖으로 나가지 않고도 천하를 알 수 있고
창밖을 살피지 않고도 하늘의 도를 볼 수 있다.

'不出戶, 知天下'는 '戶'가 '지게문'이고 '天下'는 세상을 뜻하니 문을
나서 집 밖으로 나다니지 않고도 세상의 이치를 알 수 있다는 뜻이다.
'不闚牖, 見天道'는 '闚'가 '엿보다'이고 '牖'는 '들창문'이니 창문을 통해
밖을 살펴보지 않고도 하늘의 이치를 알 수 있다는 뜻이다. 그러므로
모든 것은 도에서 비롯되었으니 도를 알면 굳이 애쓰지 않아도 대자연
의 이치를 알 수 있다는 노자의 가르침이다.

其出彌遠, 其知彌少.
是以聖人不行而知, 不見而名, 不爲而成.

멀리 가면 갈수록 아는 것은 더욱더 적어진다.
그러므로 성인은 밖으로 나다니지 않고도 알고
보지 않고도 밝히고 하지 않는 것처럼 이룬다.

'其出彌遠'에서 '其出'은 '出戶'를 뜻하니 집 밖으로 나가는 것이고, '彌遠'은 '彌'가 '더욱'이니 점점 멀리 간다는 뜻이다. '其知彌少'에서 '其知'는 '知天下'를 뜻하니 천하를 아는 것이고, '彌少'는 점점 적어진다는 뜻이다. 그러므로 '其出彌遠, 其知彌少'는 집 밖으로 멀리 나가 지식을 쌓으면 쌓을수록 천하의 이치는 점점 더 알기 어려워진다는 뜻이다.

'是以聖人不行而知'에서 '不行而知'는 '行'이 '다니다'이니 집 밖으로 나다니지 않고도 천하의 이치를 안다는 뜻이다. '不見而名'은 '名'이 '이름하다'이니 보지 않고도 만물의 실정을 말한다는 뜻이고, '不爲而成'은 억지로 하지 않고도 하고자 하는 것을 이룬다는 뜻이다.

老子를 만나라

第四十八章

뭔가를 배우면 날마다 얻는 것이 있으나
도를 따르면 날마다 버리는 것이 있다.
버리고 또 버리면 하지 않는 듯이 하게 되니
하지 않는 듯이 하면 하지 못할 것이 없다.
천하는 늘 하는 일 없는 듯이 다스려야 한다.
애써 다스리려고 하면 끝내 다스릴 수 없다.

爲學日益, 爲道日損. 損之又損, 以至於無爲, 無爲而無
不爲. 取天下常以無事, 及其有事, 不足以取天下.

爲學日益, 爲道日損.
損之又損, 以至於無爲, 無爲而無不爲.

뭔가를 배우면 날마다 얻는 것이 있으나
도를 따르면 날마다 버리는 것이 있다.
버리고 또 버리면 하지 않는 듯이 하게 되니
하지 않는 듯이 하면 하지 못할 것이 없다.

'爲學日益'은 '日'이 '매일'이고 '益'은 '더하다'이니 배우면 날마다 얻는 것이 있다는 뜻이고, '爲道日損'은 '損'이 '덜다'이니 도를 따르면 날마다 버리는 것이 있다는 뜻이다.

'損之又損, 以至於無爲'에서 '之'는 이미 알고 있거나 가지고 있는 것이고, '無爲'는 하지 않는 듯이 하는 것이다. 따라서 버리고 또 버리면 하지 않는 듯이 자연스럽게 하게 된다는 뜻이다. '無爲而無不爲'는 '不爲'가 할 수 없는 것이니 하지 않는 듯이 하면 하지 못할 것이 없다는 뜻이다.

取天下常以無事, 及其有事, 不足以取天下.

老子를 만나라

천하는 늘 하는 일 없는 듯이 다스려야 한다.
애써 다스리려고 하면 끝내 다스릴 수 없다.

'取天下常以無事'에서 '取'는 '다스리다'이고, '無事'는 '事'가 '힘쓰다'이니 힘을 쓰지 않는 것이다. 그러므로 천하를 다스릴 때는 언제나 아무런 일도 하지 않는 것처럼 하며 다스려야 한다는 뜻이다. '及其有事'는 '及'이 '이르다'이니 힘써 다스리려 한다는 뜻이고, '不足以取天下'는 '足以'가 '~하기에 족하다'이니 천하를 다스릴 수 없다는 뜻이다.

第四十九章

성인은 마음을 한결같이 가지지 않고
백성의 마음을 자기의 마음으로 삼는다.
우리는 착한 사람을 착하게 여기고
착하지 않은 사람도 착하게 여겨야 한다.
덕은 착하게 여기는 것이기 때문이다.
우리는 믿을 수 있는 사람을 믿고
믿을 수 없는 사람 또한 믿어야 한다.
덕은 믿음을 갖는 일이기 때문이다.
성인은 세상을 살아가며 한없이 낮추고
천하를 위하여 스스로 마음을 뒤섞는다.
백성들이 모두 귀를 기울이고 쳐다보면
성인은 그들을 어린아이로 여기며 보살핀다.

聖人無常心, 以百姓心爲心. 善者吾善之, 不善者吾亦善
之, 德善. 信者吾信之, 不信者吾亦信之, 德信. 聖人在天
下, 歙歙爲天下渾其心. 百姓皆注其耳目, 聖人皆孩之.

老子를 만나라

聖人無常心, 以百姓心爲心.

성인은 마음을 한결같이 가지지 않고
백성의 마음을 자기의 마음으로 삼는다.

'聖人無常心'은 '常心'이 일정한 마음이니 성인의 마음은 한결같지 않다는 뜻이다. '有物混成'이라는 말이 25장에서 나왔다. 섞여서 이루어진 것이 있다는 뜻으로 도의 본질을 말한 것이다. 성인은 마음을 한결같이 가지지 않고 도가 그러하듯이 모든 것을 받아들인다. '以百姓心爲心'은 백성의 마음을 자기의 마음으로 여긴다는 말이니 모든 것을 백성의 편에서 생각한다는 뜻이다.

善者吾善之, 不善者吾亦善之, 德善.
信者吾信之, 不信者吾亦信之, 德信.

우리는 착한 사람을 착하게 여기고
착하지 않은 사람도 착하게 여겨야 한다.
덕은 착하게 여기는 것이기 때문이다.
우리는 믿을 수 있는 사람을 믿고

믿을 수 없는 사람 또한 믿어야 한다.
덕은 믿음을 갖는 일이기 때문이다.

'善者吾善之'에서 첫 번째 '善'은 '착하다'이고, 두 번째 '善'은 '옳게 여기다'이며, '之'는 善者를 가리킨다. 따라서 우리는 착한 사람을 착하게 여겨야 한다는 뜻이다. '不善者吾亦善之'에서 '不善者'는 착하지 않은 사람이고, '之'는 不善者를 가리킨다. '德善'은 덕이 있는 사람은 모두를 착하게 여긴다는 뜻이다.

'信者吾信之'에서 '信者'는 믿을 수 있는 사람이고, '之'는 信者를 가리킨다. 따라서 우리는 믿을 수 있는 사람을 믿어야 한다는 뜻이다. '不信者吾亦信之'에서 '不信者'는 믿을 수 없는 사람이고, '之'는 不信者를 가리킨다. '德信'은 덕이 있는 사람은 모두를 믿는다는 뜻이다.

聖人在天下, 歙歙爲天下渾其心.
百姓皆注其耳目, 聖人皆孩之.

성인은 세상을 살아가며 한없이 낮추고
천하를 위하여 스스로 마음을 뒤섞는다.
백성들이 모두 귀를 기울이고 쳐다보면
성인은 그들을 어린아이로 여기며 보살핀다.

　　　　　　　　　　老子를 만나라

‘聖人在天下’는 ‘在’가 ‘있다’이니 성인이 세상을 살아간다는 뜻이다.
‘歙歙爲天下渾其心’에서 ‘歙歙’은 ‘歙’이 ‘줄어들다’이니 한없이 낮추는
것이고, ‘爲天下渾其心’은 ‘爲’가 ‘위하다’이고 ‘渾’은 ‘섞이다’이니 천하를
위해 모든 것을 받아들여 자기의 마음을 뒤섞는다는 뜻이다.

‘百姓皆注其耳目’은 ‘注’가 ‘모으다’이고 ‘其耳目’은 백성의 귀와 눈이
니 백성이 모두 성인의 말에 귀를 기울이고 모습을 쳐다본다는 뜻이
다. ‘聖人皆孩之’는 ‘孩’가 ‘어르다’이고 ‘之’는 백성을 가리키니 성인은
백성의 마음을 헤아리고 어린아이처럼 여기며 보살핀다는 뜻이다.

第五十章

만물은 생겨나서 반드시 죽기 마련이나
삶을 향해 나아가는 무리가 열에 셋이고
죽음을 향해 나아가는 무리가 열에 셋이다.
사람도 세상을 살아갈 때 이와 같으니
죽을 곳을 향해 나아가는 무리가 열에 셋이다.
도대체 그들은 어찌하여 그러한가?
살고자 하는 마음이 너무 앞서기 때문이다.
대체로 몸을 잘 돌보며 살아가는 사람들은
땅 위를 가도 외뿔소와 호랑이를 만나지 않고
전쟁에 나가도 적군에게 해를 입지 않는다고 한다.
외뿔소가 뿔로 들이받지 않고
호랑이가 발톱으로 해치지 않으며
적군이 칼날로 베지 않기 때문이다.
도대체 무엇 때문에 그러한가?
죽을 짓을 하지 않아 죽임을 당할 곳이 없기 때문이다.

　　　　　　　　　　　　　　　老子를 만나라

出生入死, 生之徒十有三, 死之徒十有三. 人之生, 動之
死地, 亦十有三. 夫何故? 以其生生之厚. 蓋聞善攝生者,
陸行不遇兕虎, 入軍不被甲兵. 兕無所投其角, 虎無所措其
爪, 兵無所容其刃. 夫何故? 以其無死地.

解說

出生入死, 生之徒十有三, 死之徒十有三.

만물은 생겨나서 반드시 죽기 마련이나

삶을 향해 나아가는 무리가 열에 셋이고

죽음을 향해 나아가는 무리가 열에 셋이다.

'出生入死'는 '出生'이 태어나는 것이고 '入死'는 죽는 것이니 만물은
태어나면 언젠가는 반드시 죽기 마련이라는 뜻이다. '生之徒十有三'에
서 '生之徒'는 도를 따르며 주어진 운명대로 살아가는 무리이고, '十有
三'은 열 명 중에 세 명이 있다는 뜻이다. '死之徒'는 도를 따르지 않고
천명을 거스르며 죽음을 향해 나아가는 무리이다.

人之生, 動之死地, 亦十有三.

夫何故? 以其生生之厚.

사람도 세상을 살아갈 때 이와 같으니
죽을 곳을 향해 나아가는 무리가 열에 셋이다.
도대체 그들은 어찌하여 그러한가?
살고자 하는 마음이 너무 앞서기 때문이다.

'人之生'은 사람의 삶이니 사람이 세상을 살아갈 때이다. '動之死地'
에서 '動'은 '움직이다'이니 살아가는 것이고, '死地'는 죽을 곳이다. 따
라서 살려고 하는 일이 도리어 죽을 곳을 향해 나아간다는 뜻이다.
  '夫何故'는 '夫'가 발어사로 '대저'이고 '故'는 '까닭'이니 도대체 무엇
때문에 그러하냐는 말이다. '以其生生之厚'에서 '其生'은 '其'가 죽을 곳
을 향해 나아가는 무리이니 그런 사람들의 삶이고, '生之厚'는 '生'이 '살
다'이고 '厚'가 '짙다'이니 살려고 하는 마음이 너무 강하다는 뜻이다.

蓋聞善攝生者, 陸行不遇兕虎, 入軍不被甲兵.
兕無所投其角, 虎無所措其爪, 兵無所容其刃.

대체로 몸을 잘 돌보며 살아가는 사람들은
땅 위를 가도 외뿔소와 호랑이를 만나지 않고
전쟁에 나가도 적군에게 해를 입지 않는다고 한다.

　　　　　　　　　　　　　老子를 만나라

외뿔소가 뿔로 들이받지 않고
호랑이가 발톱으로 해치지 않으며
적군이 칼날로 베지 않기 때문이다.

'蓋聞善攝生者'에서 '蓋'는 '대체로'이고, '善攝生者'는 '攝'이 '다스리다'
이고 '生'은 '생명'이니 몸을 잘 돌보는 사람이다. '陸行不遇兕虎'에서
'陸行'은 땅 위로 가는 것이고, '不遇兕虎'는 '遇'가 '만나다'이고 '兕虎'는
외뿔소와 호랑이니 그것들에게 피해를 입지 않는다는 뜻이다. '入軍不
被甲兵'에서 '入軍'은 전쟁에 나간다는 뜻이고, '不被'는 부상을 입지 않
는다는 뜻이며, '甲兵'은 갑옷을 입은 병사로 적군을 뜻한다.

'兕無所投其角'은 '投'가 '던지다'이고 '其角'은 외뿔소의 뿔이니 외뿔
소가 뿔로 들이받는 일이 없다는 뜻이다. '虎無所措其爪'는 '措'가 '두다'
이고 '爪'는 '발톱'이니 호랑이가 발로 해치지 않는다는 뜻이다. '兵無所
容其刃'에서 '兵'은 적군을 뜻하고, '容'은 '받아들이다'이며, '刃'은 '칼날'
이다. 따라서 적군이 칼날로 몸을 베지 않는 뜻이다.

夫何故? 以其無死地.

도대체 무엇 때문에 그러한가?
죽을 짓을 하지 않아 죽임을 당할 곳이 없기 때문이다.

‘夫何故’는 도대체 무엇 때문에 그러하냐는 말로 이미 앞에서 나왔
다. ‘以其無死地’에서 ‘其’는 ‘善攝生者’를 가리키고 ‘死地’는 죽을 곳이
다. 그러므로 몸을 잘 돌보는 사람은 죽을 짓을 하지 않아 죽임을 당할
곳이 없다는 뜻이다.

老子를 만나라

第五十一章

도는 모든 것을 낳고 덕은 모든 것을 기르니

만물은 모습을 갖추고 기운을 받아 자라난다.

이에 만물은 도를 높이고 덕을 소중히 여긴다.

도는 높은 것이고 덕은 소중한 것이니

누가 그렇게 한 것이 아니라 늘 저절로 그러하다.

그러므로 도는 만물을 낳고 덕은 만물을 기른다.

그리하여 자라나게 하고 바로잡아 주고 보살핀다.

자라나도 가지지 않고 보살펴도 나타내지 않으며

기운이 넘쳐도 부리지 않으니 이를 현덕이라고 한다.

道生之, 德畜之, 物形之, 勢成之. 是以萬物莫不尊道而貴德. 道之尊, 德之貴, 夫莫之命而常自然. 故道生之, 德畜之. 長之育之, 亭之毒之, 養之覆之. 生而不有, 爲而不恃, 長而不宰, 是謂玄德.

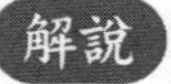

道生之, 德畜之, 物形之, 勢成之.

도는 모든 것을 낳고 덕은 모든 것을 기르니
만물은 모습을 갖추고 기운을 받아 자라난다.

'道生之, 德畜之'에서 '生'은 '낳다'이고, '畜'은 '기르다'이며, '之'는 만물
을 가리킨다. 따라서 도는 만물을 낳고 덕은 만물을 기른다는 뜻이다.
'物形之'는 '形'이 '나타내다'이니 만물이 제 모습을 갖춘다는 뜻이고, '勢
成之'는 '勢'가 '힘'이고 '成'은 '자라다'이니 기운이 만물을 자라나게 한다
는 뜻이다.

是以萬物莫不尊道而貴德.
道之尊, 德之貴, 夫莫之命而常自然.

이에 만물은 도를 높이고 덕을 소중히 여긴다.
도는 높은 것이고 덕은 소중한 것이니
누가 그렇게 한 것이 아니라 늘 저절로 그러하다.

'萬物莫不尊道而貴德'에서 '尊道'는 도를 높게 여기는 것이고, '貴德'

老子를 만나라

은 덕을 소중히 하는 것이다. 그러므로 만물은 도를 높이고 덕을 소중히 하지 않을 수 없다는 뜻이다.

'道之尊, 德之貴, 夫莫之命而常自然'에서 '夫莫之命'의 '之'는 앞에 나온 '道之尊'과 '德之貴'를 가리키고, '命'은 '명하다'이다. 따라서 누가 도를 높이고 덕을 소중히 하도록 한 것이 아니라 저절로 그렇게 되었다는 뜻이다.

故道生之, 德畜之.
長之育之, 亭之毒之, 養之覆之.

그러므로 도는 만물을 낳고 덕은 만물을 기른다.
그리하여 자라나게 하고 바로잡아 주고 보살핀다.

'長之育之'는 '長'과 '育'이 모두 '자라다'이고 '之'는 만물을 가리키니 만물을 자라나게 한다는 뜻이다. '亭之毒之'는 '亭'이 '알맞다'이고 '毒'은 '기르다'이니 알맞게 기르는 것으로 바로잡아 준다는 뜻이고, '養之覆之'는 '養'이 '먹이다'이고 '覆'는 '덮다'이니 보살핀다는 뜻이다.

生而不有, 爲而不恃, 長而不宰, 是謂玄德.

자라나도 가지지 않고 보살펴도 나타내지 않으며

기운이 넘쳐도 부리지 않으니 이를 현덕이라고 한다.

'生而不有, 爲而不恃, 長而不宰, 是謂玄德'은 이미 10장에서 나왔다. '生而不有'는 자라나도 소유하지 않는다는 뜻이고, '爲而不恃'는 보살펴도 나타내지 않는다는 뜻이며, '長而不宰'는 자라나 기운이 넘쳐도 부리지 않고 그대로 둔다는 뜻이다. '是謂玄德'에서 '玄德'은 '生而不有, 爲而不恃, 長而不宰'로 도가 만물을 낳은 뒤에 기르면서 하는 일이다.

老子를 만나라

第五十二章

천하의 모든 것은 생겨난 곳이 있으니
그곳이 바로 천하를 낳은 어머니이다.
이미 어머니를 아니 자식임을 알 수 있고
자식임을 알면 어머니에게 안길 수 있어
죽는 날까지 해로운 일이 생기지 않는다.
욕심의 구멍을 막고 배움의 문을 닫으면
몸이 다할 때까지 근심이 생기지 않고
욕심의 구멍을 열고 일을 이루려고 하면
몸이 다할 때까지 아무것도 이룰 수 없다.
보잘것없는 것을 볼 줄 알면 밝아지고
부드러운 것을 지켜 나가면 강해진다.
이룬 것을 감추고 밝은 곳으로 돌아가면
몸에 아무런 재앙도 찾아들지 않으니
이것이 곧 영원한 곳으로 나아가는 길이다.

天下有始, 以爲天下母. 旣得其母, 以知其子, 旣知其子,
復守其母, 沒身不殆. 塞其兌, 閉其門, 終身不勤. 開其兌,
濟其事, 終身不救. 見小曰明, 守柔曰強. 用其光, 復歸其
明, 無遺身殃, 是爲習常.

天下有始, 以爲天下母.
旣得其母, 以知其子, 旣知其子, 復守其母, 沒身不殆.

천하의 모든 것은 생겨난 곳이 있으니
그곳이 바로 천하를 낳은 어머니이다.
이미 어머니를 아니 자식임을 알 수 있고
자식임을 알면 어머니에게 안길 수 있어
죽는 날까지 해로운 일이 생기지 않는다.

'天下有始'는 '始'가 '처음'으로 시작된 곳이니 천하의 만물은 생겨난 곳이 있다는 뜻이다. '以爲天下母'에서 '天下母'는 천하의 어머니로 도를 뜻한다.

'旣得其母'는 '得'이 '알다'이니 이미 도를 안다는 뜻이고, '以知其子'는 그 자식임을 안다는 것이니 도에서 생겨났다는 것을 안다는 뜻이다. '復守其母'에서 '復守'는 '復'이 '돌아가다'이고 '守'는 '머무르다'이니 돌아가 의지한다는 뜻이고, '沒身不殆'는 '沒'이 '죽다'이고 '殆'는 '위태하다'이니 죽는 날까지 해로운 일이 생기지 않는다는 뜻이다.

塞其兌, 閉其門, 終身不勤.
開其兌, 濟其事, 終身不救.

욕심의 구멍을 막고 배움의 문을 닫으면
몸이 다할 때까지 근심이 생기지 않고
욕심의 구멍을 열고 일을 이루려고 하면
몸이 다할 때까지 아무것도 이룰 수 없다.

‘塞其兌’에서 ‘塞’은 ‘막다’이고, ‘兌’는 눈·귀·입·코 등의 구멍을 가리
킨다. ‘五色令人目盲, 五音令人耳聾, 五味令人口爽’이라는 말이 12장에
서 나왔다. 五色과 五音과 五味는 욕심이 생겨나게 하는 것들이고, 目과
耳와 口는 눈과 귀와 입이니 욕심을 받아들이는 곳이다. 따라서 ‘塞其兌’
는 ‘욕심의 구멍’을 막는 것으로 욕심이 생겨나지 않게 한다는 뜻이다.

‘閉其門, 終身不勤’에서 ‘終身不勤’은 ‘勤’이 ‘근심하다’이니 죽을 때까지
근심이 생기지 않는다는 뜻이다. 20장에 ‘絶學無憂’라는 말이 나와 있다.
배움을 멈추면 근심이 생기지 않는다는 뜻이다. 거기서 ‘無憂’는 ‘終身不
勤’과 같은 뜻이니 ‘閉其門’은 ‘絶學’으로 보아야 한다. 그러므로 ‘閉其門’
은 ‘배움의 문’을 닫는 것으로 배우고자 하는 마음을 버린다는 뜻이다.

‘開其兌’는 ‘開’가 ‘열다’이니 욕심의 구멍을 열어 놓는 것이고, ‘濟其事’
는 ‘濟’가 ‘이루다’이니 뭔가를 이루려고 하는 것이다. ‘終身不救’는 ‘救’
가 ‘건지다’이니 죽는 날까지 하고자 하는 일을 이룰 수 없다는 뜻이다.

見小曰明, 守柔曰強.
用其光, 復歸其明, 無遺身殃, 是爲習常.

보잘것없는 것을 볼 줄 알면 밝아지고
부드러운 것을 지켜 나가면 강해진다.
이룬 것을 감추고 밝은 곳으로 돌아가면
몸에 아무런 재앙도 찾아들지 않으니
이것이 곧 영원한 곳으로 나아가는 길이다.

'道常無名, 樸雖小'라는 말이 32장에서 나왔다. 도는 언제나 이름을 붙일 수가 없고 통나무처럼 보잘것없다는 말이다. 따라서 '小'는 보잘 것없는 것으로 도를 가리키니 '見小曰明'은 도를 따르면 밝아진다는 뜻이다. '守柔曰強'은 '柔'가 부드러운 것으로 역시 도를 뜻하니 도를 지키면 강해진다는 뜻이다. '柔弱勝剛强'이라는 말이 36장에서 나왔다. 부드럽고 약한 것이 굳고 강한 것을 이긴다는 뜻이다.

'用其光'은 '用'이 '다스리다'이고 '光'은 '빛'이니 이루어 빛나는 것을 드러내지 않는다는 뜻이고, '復歸其明'은 밝은 곳으로 돌아가는 것이니 도를 따른다는 뜻이다. '無遺身殃'은 '遺'가 '남기다'이고 '殃'은 '재앙'이니 몸에 해로운 일이 생기지 않는다는 뜻이고, '是爲習常'에서 '習常'은 '習'이 '배우다'이고 '常'은 '영원하다'이니 영원한 것을 배우는 것으로 도를 깨닫는다는 뜻이다.

老子를 만나라

第五十三章

나에게 조금이라도 아는 것이 있다면
대도를 행할 때 오직 그것을 쓸까 두렵다.
대도로 나아가는 일은 너무나도 쉽지만
사람들은 좁은 샛길로 빠지기를 좋아한다.
조정은 몹시 깨끗해도 밭에는 풀이 우거지고
창고는 비어도 화려한 옷에 좋은 칼을 차고
먹는 것마저 싫증을 내고 재물은 남아돈다.
이는 도적질을 자랑하는 것일 뿐 도가 아니다.

使我介然有知, 行於大道, 唯施是畏. 大道甚夷, 而民好徑. 朝甚除, 田甚蕪, 倉甚虛, 服文綵, 帶利劍, 厭飲食, 財貨有餘. 是謂盜夸, 非道也哉!

使我介然有知, 行於大道, 唯施是畏.
大道甚夷, 而民好徑.

나에게 조금이라도 아는 것이 있다면
대도를 행할 때 오직 그것을 쓸까 두렵다.
대도로 나아가는 일은 너무나도 쉽지만
사람들은 좁은 샛길로 빠지기를 좋아한다.

'使我介然有知'에서 '使'는 '만일'이고, '介'는 '작다'이며, '知'는 아는 것으로 지혜이다. '行於大道'는 큰길로 나아가는 것으로 대도를 행하는 것이다. '唯施是畏'에서 '施'는 '드러내다'이니 지혜를 드러내는 것이고, '是'는 '施'를 가리키며, '畏'는 '두려워하다'이다. 따라서 가지고 있는 지혜를 쓰는 것이 두렵다는 뜻이다.

'大道甚夷'는 '夷'가 '평탄하다'이니 대도는 따르기가 매우 쉽다는 뜻이다. '民好徑'은 '徑'이 '작은 길'이니 사람들이 도를 따르지 않고 좁은 샛길로 빠져 다른 곳으로 가기를 좋아한다는 뜻이다.

朝甚除, 田甚蕪, 倉甚虛, 服文綵, 帶利劍, 厭飮食, 財貨有餘.
是謂盜夸, 非道也哉!

老子를 만나라

조정은 몹시 깨끗해도 밭에는 풀이 우거지고
창고는 비어도 화려한 옷에 좋은 칼을 차고
먹는 것마저 싫증을 내고 재물은 남아돈다.
이는 도적질을 자랑하는 것일 뿐 도가 아니다.

'朝甚除'는 '朝'가 '조정'이고 '除'는 '깨끗하다'이니 조정이 몹시 깨끗하다는 뜻이고, '田甚蕪'는 '蕪'가 '거칠다'이니 밭에 풀이 무성하게 우거졌다는 뜻이다. '倉甚虛'는 '倉'이 '창고'이고 '虛'는 '비다'이니 백성들의 창고가 텅 비었다는 뜻이고, '服文綵'는 '文'이 '빛나다'이고 '綵'는 '비단'이니 조정에 있는 사람들이 화려한 옷을 입었다는 뜻이다. '帶利劍'에서 '帶'는 '차다'이고, '利劍'은 '利'가 '날카롭다'이니 좋은 칼이다. '厭飮食'에서 '厭'은 '물리다'이니 싫증을 낸다는 뜻이고, '財貨有餘'에서 '財貨'는 재물이고 '有餘'는 '餘'가 '남다'이니 남아돈다는 뜻이다.

'是謂盜夸, 非道也哉'에서 '盜夸'는 '盜'가 도적이고 '夸'는 '자랑하다'이니 도적질을 자랑하는 것이다. '非道也哉'는 도가 아니라는 말이니 도를 거스른다는 뜻이다.

第五十四章

도를 바르게 깨달으면 흔들리지 않고
잘 지키면 그릇된 일을 하지 않으니
자손들이 제사를 그치지 않을 것이다.
내가 도를 따르면 그 덕은 참되고
집안이 도를 따르면 그 덕은 넉넉해지고
마을이 도를 따르면 그 덕은 오래가고
나라가 도를 따르면 그 덕은 넘쳐나고
천하가 도를 따르면 그 덕은 널리 미친다.
그러므로 나의 도로 나를 살피고
집안의 도로 집안의 일을 살피고
마을의 도로 마을의 일을 살피고
나라의 도로 나라의 일을 살피고
천하의 도로 천하의 일을 살필 수 있다.
내가 어찌 세상일이 그렇다는 것을 알겠는가?
이것, 도를 따르며 살아가기 때문이다.

老子를 만나라

善建者不拔, 善抱者不脫, 子孫以祭祀不輟. 修之於身,
其德乃眞, 修之於家, 其德乃餘, 修之於鄉, 其德乃長, 修
之於國, 其德乃豐, 修之於天下, 其德乃普. 故以身觀身,
以家觀家, 以鄉觀鄉, 以國觀國, 以天下觀天下. 吾何以知
天下然? 以此.

解說

善建者不拔, 善抱者不脫, 子孫以祭祀不輟.

도를 바르게 깨달으면 흔들리지 않고
잘 지키면 그릇된 일을 하지 않으니
자손들이 제사를 그치지 않을 것이다.

'善建者不拔'에서 '善建者'는 '建'이 '세우다'이니 도를 바르게 깨달은
사람이고, '不拔'은 '拔'이 '기울다'이니 흔들리지 않는다는 뜻이다. '善
抱者不脫'에서 '善抱者'는 '抱'가 '품다'이니 도를 잘 지키는 사람이고,
'不脫'은 '脫'이 '벗어나다'이니 그릇된 일을 하지 않는다는 뜻이다. '子
孫以祭祀不輟'은 '輟'이 '그치다'이니 자손이 제사를 그치지 않고 오래
도록 받든다는 뜻이다.

修之於身, 其德乃眞, 修之於家, 其德乃餘, 修之於鄕, 其德乃長,
修之於國, 其德乃豊, 修之於天下, 其德乃普.

내가 도를 따르면 그 덕은 참되고
집안이 도를 따르면 그 덕은 넉넉해지고
마을이 도를 따르면 그 덕은 오래가고
나라가 도를 따르면 그 덕은 넘쳐나고
천하가 도를 따르면 그 덕은 널리 미친다.

'修之於身'은 '修'가 '닦다'이고 '之'는 도를 가리키니 자기 스스로 도를
따른다는 뜻이고, '其德乃眞'은 도를 따름으로 하여 쌓은 덕이 참되다
는 뜻이다. '修之於家'는 집안의 사람들이 도를 따른다는 뜻이고, '其德
乃餘'는 '餘'가 '남다'이니 그 덕이 넉넉해진다는 뜻이다. '其德乃長'에서
'長'은 '오래다'이니 오래간다는 뜻이고, '其德乃豊'에서 '豊'은 '가득하다'
이니 넘친다는 뜻이며, '其德乃普'에서 '普'는 '두루 미치다'이니 널리 퍼
져 나간다는 뜻이다.

故以身觀身, 以家觀家, 以鄕觀鄕, 以國觀國, 以天下觀天下.
吾何以知天下然? 以此.

그러므로 나의 도로 나를 살피고

老子를 만나라

집안의 도로 집안의 일을 살피고

마을의 도로 마을의 일을 살피고

나라의 도로 나라의 일을 살피고

천하의 도로 천하의 일을 살필 수 있다.

내가 어찌 세상일이 그렇다는 것을 알겠는가?

이것, 도를 따르며 살아가기 때문이다.

'以身觀身'에서 첫 번째 '身'은 자기가 지니고 있는 것이고, 두 번째 '身'은 자신을 가리킨다. 그러므로 자기가 지닌 도로 자신을 살핀다는 뜻이다. '以家觀家'는 집안에서 지키는 도로 집안의 일을 살핀다는 뜻이고, '以天下觀天下'는 천하가 따르는 도로 천하의 일을 살핀다는 뜻이다.

'吾何以知天下然? 以此'에서 '天下然'은 천하의 일이 그러하다는 것이고, '以此'는 '以'가 '하다'이고 '此'는 도를 가리키니 도를 따르며 살아가기 때문이라는 뜻이다.

第五十五章

덕을 많이 쌓은 사람은 갓난아이와 같다.
갓난아이는 독충이나 독사가 물지 않고
사나운 짐승이나 새들이 덮치지도 않는다.
뼈가 약하고 살이 연해도 쥐는 힘은 세고
암수의 교합을 몰라도 고추가 제대로 서니
이는 온몸에 정기가 가득하기 때문이다.
하루 종일 울어도 목이 쉬지 않는 것은
온몸이 조화를 잘 이루었기 때문이다.
조화를 잘 이루면 언제나 그대로이고
언제나 변함없이 그대로이면 밝아진다.
목숨을 억지로 늘이면 재앙이 찾아들고
마음이 몸의 기운을 부리면 강해진다.
만물은 기운이 넘치면 곧 쇠약해지니
이는 도를 거스르는 일이므로 일찍 죽고 만다.

含德之厚, 比於赤子. 蜂蠆虺蛇不螫, 猛獸不據, 攫鳥不搏. 骨弱筋柔而握固, 未知牝牡之合而全作, 精之至也. 終日號而不嗄, 和之至也. 知和曰常, 知常曰明, 益生曰祥, 心使氣曰強. 物壯則老, 謂之不道, 不道早已.

含德之厚, 比於赤子.
蜂蠆虺蛇不螫, 猛獸不據, 攫鳥不搏.

덕을 많이 쌓은 사람은 갓난아이와 같다.
갓난아이는 독충이나 독사가 물지 않고
사나운 짐승이나 새들이 덮치지도 않는다.

'含德之厚, 比於赤子'에서 '含'은 '머금다'이고 '厚'는 '두텁다'이며, '比' 는 '견주다'이고 '赤子'는 '갓난아이'이다. 따라서 덕을 많이 쌓는 사람은 갓난아이와 비슷하다는 뜻이다.

'蜂蠆虺蛇不螫'에서 '蜂蠆'는 '蜂'이 '벌'이고 '蠆'는 '전갈'이니 독충을 뜻하고, '虺蛇'는 '虺'가 '살모사'이고 '蛇'는 '뱀'이니 독사를 가리키며, '不 螫'은 '螫'이 '쏘다'이니 물지 않는다는 뜻이다. '猛獸不據, 攫鳥不搏'에

서 ‘猛獸’는 ‘猛’이 ‘사납다’이니 사나운 짐승이고, ‘攫鳥’는 ‘攫’이 ‘움키다’
이니 사나운 새이다. ‘據’와 ‘搏’은 모두 ‘붙잡다’이니 덮친다는 뜻이다.

> 骨弱筋柔而握固, 未知牝牡之合而全作, 精之至也.
> 終日號而不嗄, 和之至也.

> 뼈가 약하고 살이 연해도 쥐는 힘은 세고
> 암수의 교합을 몰라도 고추가 제대로 서니
> 이는 온몸에 정기가 가득하기 때문이다.
> 하루 종일 울어도 목이 쉬지 않는 것은
> 온몸이 조화를 잘 이루었기 때문이다.

‘骨弱筋柔而握固’에서 ‘骨弱筋柔’는 ‘骨’이 ‘뼈’이고 ‘筋’은 ‘살’이니 뼈가
약하고 살이 부드럽다는 뜻이고, ‘握固’는 ‘握’이 ‘쥐다’이고 ‘固’는 ‘굳다’이
니 쥐는 힘이 세다는 뜻이다. ‘未知牝牡之合而全作’에서 ‘牝牡’는 암컷과
수컷이고, ‘合’은 ‘합하다’이며, ‘作’은 ‘일어나다’이다. 따라서 암수의 교
합을 알지 못해도 고추가 온전하게 선다는 뜻이다. ‘精之至也’는 ‘精’이
‘정기’이고 ‘至’는 ‘지극하다’이니 온몸에 정기가 가득하다는 뜻이다.

‘終日號而不嗄’는 ‘號’가 ‘울다’이고 ‘嗄’는 ‘목이 쉬다’이니 하루 종일
울어도 목이 쉬지 않는다는 뜻이고, ‘和之至也’는 ‘和’가 ‘고르다’이니 온
몸이 조화를 잘 이루었다는 뜻이다.

　　　　　　　　　　　　　老子를 만나라

知和曰常, 知常曰明, 益生曰祥, 心使氣曰強.
物壯則老, 謂之不道, 不道早已.

조화를 잘 이루면 언제나 그대로이고
언제나 변함없이 그대로이면 밝아진다.
목숨을 억지로 늘이면 재앙이 찾아들고
마음이 몸의 기운을 부리면 강해진다.
만물은 기운이 넘치게 되면 곧 쇠약해지니
이는 도를 거스르는 일이므로 일찍 죽고 만다.

'知和曰常'에서 '知和'는 조화를 이룰 줄 아는 것이고, '常'은 '일정하다'이니 늘 그대로일 수 있다는 뜻이다. '知常曰明'에서 '明'은 '밝다'이니 밝아지는 것으로 도를 깨닫게 된다는 뜻이다. '益生曰祥'에서 '益生'은 '生'이 '삶'이니 수명을 억지로 늘리는 것이고, '祥'은 '재앙'이다. '心使氣曰強'에서 '心使氣'는 '使'가 '부리다'이니 마음이 몸의 기운을 부린다는 뜻이고, '強'은 '강하다'이니 강해진다는 뜻이다.

'物壯則老'에서 '壯'은 '기세가 좋다'이니 기운이 넘친다는 뜻이고, '老'는 '쇠약하다'이다. '謂之不道'에서 '不道'는 도가 아니라는 말이니 도를 거스른다는 뜻이고, '不道早已'에서 '무己'는 '무'가 '일찍'이고 '已'는 '그치다'이니 일찍 죽는다는 뜻이다.

第五十六章

도를 아는 사람은 도를 말하지 않고
도를 말하는 사람은 도를 알지 못한다.
도를 알고 있어도 말하지 않는 사람은
욕심의 구멍을 막고 배움의 문을 닫고
날카로운 것은 꺾고 어지러운 것은 풀고
빛나는 것을 감추고 티끌과도 함께한다.
이를 일러 만물과 하나가 된다고 한다.
그러므로 가까이할 수도 멀리할 수도 없고
이롭게 할 수도 해롭게 할 수도 없으며
귀하게 만들 수도 천하게 만들 수도 없다.
그러하니 천하에서 가장 소중한 사람이다.

知者不言, 言者不知. 塞其兌, 閉其門, 挫其銳, 解其分,
和其光, 同其塵, 是謂玄同. 故不可得而親, 不可得而疏,
不可得而利, 不可得而害, 不可得而貴, 不可得而賤. 故爲
天下貴.

知者不言, 言者不知.

도를 아는 사람은 도를 말하지 않고
도를 말하는 사람은 도를 알지 못한다.

'知者不言'에서 '知者'는 도를 아는 사람이고, '不言'은 도가 무엇인지 말하지 않는다는 뜻이다. '言者不知'에서 '言者'는 도에 대하여 말하는 사람이고, '不知'는 도를 제대로 알지 못한다는 뜻이다. 노자는 1장에서 '道可道, 非常道'라고 했다. 말로 나타낼 수 있는 도는 참된 도가 아니라는 뜻이다. 도를 바르게 알고 있는 사람은 말로 나타낼 수 없다는 사실을 잘 알기 때문에 말하지 않는 것이다.

塞其兌, 閉其門, 挫其銳, 解其分,
和其光, 同其塵, 是謂玄同.

도를 알고 있어도 말하지 않는 사람은
욕심의 구멍을 막고 배움의 문을 닫고
날카로운 것은 꺾고 어지러운 것은 풀고
빛나는 것을 감추고 티끌과도 함께한다.

이를 일러 만물과 하나가 된다고 한다.

'塞其兌, 閉其門, 挫其銳, 解其分, 和其光, 同其塵'은 도를 아는 사람이 하는 일이다. '塞其兌, 閉其門'은 욕심의 구멍을 막고 배움의 문을 닫는 것으로 이미 52장에서 나왔다. '挫其銳, 解其分, 和其光, 同其塵'도 4장에서 나왔다. 도가 만물을 기르면서 하는 일이다. '銳'는 '날카롭다'이니 너무 드러나는 것이고, '分'은 '어지럽다'이니 몹시 얽혀 있는 것이다. '光'은 '빛'이니 이루어 빛나는 것이고, '塵'은 '티끌'이니 아주 보잘것없는 것이다. '是謂玄同'에서 '玄同'은 '玄'이 '크다'이고 '同'은 '같이하다'이니 온갖 것과 같이하는 것으로 만물과 함께한다는 뜻이다.

**故不可得而親, 不可得而疏, 不可得而利, 不可得而害,
不可得而貴, 不可得而賤. 故爲天下貴.**

그러므로 가까이할 수도 멀리할 수도 없고
이롭게 할 수도 해롭게 할 수도 없으며
귀하게 만들 수도 천하게 만들 수도 없다.
그러하니 천하에서 가장 소중한 사람이다.

'不可得而親, 不可得而疏'에서 '親'은 '가까이하다'이고, '疏'는 '멀리하다'이다. 따라서 도를 아는 사람은 치우치지 않으므로 가까이할 수도

老子를 만나라

멀리할 수도 없다는 뜻이다. '不可得而利, 不可得而害'에서 '利'는 이롭게 하는 것이고, '害'는 해롭게 하는 것이다. '不可得而貴, '不可得而賤'에서 '貴'는 귀하게 만드는 것이고, '賤'은 천하게 만드는 것이다. '故爲天下貴'에서 '天下貴'는 천하에서 귀한 것이니 세상에서 가장 소중한 사람이라는 뜻이다.

第五十七章

나라를 다스릴 때는 순리를 따라 다스려야 하고
군사를 움직일 때는 뛰어난 병법을 써야 하지만
천하는 아무 일도 하지 않는 듯이 다스려야 한다.
내가 어찌 그처럼 해야 한다는 것을 알겠는가?
이것, 바로 도를 따르며 살아가기 때문이다.
세상에 금하는 것이 많으면 백성은 더 가난해지고
백성이 좋은 도구가 많으면 나라는 더 어지러워지고
백성이 재주가 많으면 기이한 물건은 더 생겨나고
법령이 펼쳐지면 펼쳐질수록 도적은 더 늘어난다.
그리하여 성인이 이러한 말들을 했다.
내가 하지 않는 듯이 하니 백성이 스스로 따르고
내가 고요함을 좋아하니 백성이 스스로 바르게 되고
내가 하려고 애쓰지 않으니 백성이 저절로 넉넉해지고
내가 하려는 것이 없으니 백성이 저절로 순박해진다.

以正治國, 以奇用兵, 以無事取天下. 吾何以知其然哉?
以此. 天下多忌諱, 而民彌貧, 民多利器, 國家滋昏, 人多
伎巧, 奇物滋起, 法令滋彰, 盜賊多有. 故聖人云, 我無爲
而民自化, 我好靜而民自正, 我無事而民自富, 我無欲而
民自樸.

解說

以正治國, 以奇用兵, 以無事取天下.
吾何以知其然哉? 以此.

나라를 다스릴 때는 순리를 따라 다스려야 하고
군사를 움직일 때는 뛰어난 병법을 써야 하지만
천하는 아무 일도 하지 않는 듯이 다스려야 한다.
내가 어찌 그처럼 해야 한다는 것을 알겠는가?
이것, 바로 도를 따르며 살아가기 때문이다.

'以正治國'은 '正'이 '바르다'이니 순리를 따라 바르게 나라를 다스려
야 한다는 뜻이고, '以奇用兵'은 '奇'가 '뛰어나다'이니 뛰어난 병법으로
병사를 움직여야 한다는 뜻이다. '以無事取天下'는 '無事'가 힘쓰지 않

는 것이고 '取'는 '다스리다'이니 아무 일도 하지 않는 듯이 하며 천하를
다스려야 한다는 뜻이다.

　'吾何以知其然哉'에서 '其'는 앞에 나온 '以正治國, 以奇用兵, 以無事取
天下'를 가리킨다. '以此'는 이미 21장과 54장에서 나왔다. '以'가 '하다'
이고 '此'는 도를 가리키니 도를 따르며 살아가기 때문이라는 뜻이다.

　　天下多忌諱, 而民彌貧, 民多利器, 國家滋昏,
　　人多伎巧, 奇物滋起, 法令滋彰, 盜賊多有.

　　세상에 금하는 것이 많으면 백성은 더 가난해지고
　　백성이 좋은 도구가 많으면 나라는 더 어지러워지고
　　백성이 재주가 많으면 기이한 물건은 더 생겨나고
　　법령이 펼쳐지면 펼쳐질수록 도적은 더 늘어난다.

　'天下多忌諱, 而民彌貧'은 '忌'와 '諱'가 모두 '꺼리다'이고 '彌'는 '더욱'
이니 천하에 금하는 것이 많아지면 백성은 점점 가난해진다는 뜻이다.
'民多利器, 國家滋昏'에서 '利器'는 '利'가 '이롭다'이니 좋은 도구이고,
'滋昏'은 '滋'가 '더욱'이고 '昏'은 '혼란하다'이니 더욱 어지러워진다는 뜻
이다.

　'人多伎巧, 奇物滋起'에서 '伎'와 '巧'는 모두 '재주'이고, '奇物'은 '奇'가
'기이하다'이니 기이한 물건이며, '起'는 '일어나다'이니 생겨난다는 뜻

　　　　　　　　　　　　　　　　　老子를 만나라

이다. '法令滋彰, 盜賊多有'에서 '彰'은 '드러나다'이니 펼쳐지는 것이고, '多有'는 '多'가 '많이'이니 더욱 많아진다는 뜻이다.

故聖人云, 我無爲而民自化, 我好靜而民自正,
我無事而民自富, 我無欲而民自樸.

그리하여 성인이 이러한 말들을 했다.
내가 하지 않는 듯이 하니 백성이 스스로 따르고
내가 고요함을 좋아하니 백성이 스스로 바르게 되고
내가 하려고 애쓰지 않으니 백성이 저절로 넉넉해지고
내가 하려는 것이 없으니 백성이 저절로 순박해진다.

'我無爲而民自化'에서 '無爲'는 하지 않는 듯이 하는 것이고, '自化'는 '化'가 '본받다'이니 스스로 따른다는 뜻이다. '我好靜而民自正'에서 '好靜'은 고요히 지내는 것을 좋아하는 것이고, '自正'은 스스로 바르게 된다는 뜻이다. '我無事而民自富'에서 '無事'는 '事'가 '힘쓰다'이니 뭔가를 하려고 애쓰지 않는 것이고, '自富'는 저절로 부유해진다는 뜻이다. '我無欲而民自樸'에서 '無欲'은 '欲'이 '하고자 하다'이니 하려는 것이 없는 것이고, '自樸'은 '樸'이 '순박하다'이니 저절로 순박해진다는 뜻이다.

第五十八章

다스림이 서툴면 백성은 순박해지고
너무 잘 다스리면 백성은 야박해진다.
화에는 복이 기대어 있고
복에는 화가 숨어 있으니
어느 누가 이를 나눌 수 있겠는가?
아무도 분명하게 나눌 수 없다.
바른 것은 다시 그른 것이 되고
좋은 것은 다시 나쁜 것이 되니
사람들이 혼란에 빠진 지 이미 오래다.
이에 성인은 자기가 바르다고 하여
다른 사람의 잘못을 말하지 않고
결백해도 남을 헐뜯지 않으며
옳아도 하고 싶은 대로 하지 않고
이룬 것이 있어도 드러내 보이지 않는다.

老子를 만나라

其政悶悶, 其民淳淳, 其政察察, 其民缺缺. 禍兮福之所
倚, 福兮禍之所伏. 孰知其極? 其無正. 正復爲奇, 善復爲
妖. 人之迷, 其日固久. 是以聖人方而不割, 廉而不劌, 直
而不肆, 光而不燿.

其政悶悶, 其民淳淳, 其政察察, 其民缺缺.

다스림이 서툴면 백성은 순박해지고
너무 잘 다스리면 백성은 야박해진다.

'其政悶悶'은 '悶'이 '답답하다'이니 다스림이 서툴러 나라를 잘 다스
리지 못한다는 뜻이고, '其民淳淳'은 '淳'이 '순박하다'이니 백성들의 마
음이 순박해진다는 뜻이다. '其政察察'은 '察'이 '살피다'이니 다스림이
뛰어나 나라를 너무 잘 다스린다는 뜻이고, '其民缺缺'은 '缺'이 '이지러
지다'이니 백성들의 마음이 야박해진다는 뜻이다.

禍兮福之所倚, 福兮禍之所伏.
孰知其極? 其無正.

화에는 복이 기대어 있고
복에는 화가 숨어 있으니
어느 누가 이를 나눌 수 있겠는가?
아무도 분명하게 나눌 수 없다.

'禍兮福之所倚'는 '倚'가 '기대다'이니 화에는 복이 기대어 있다는 말로 화가 복이 될 수도 있다는 뜻이다. '福兮禍之所伏'은 '伏'이 '숨다'이니 복에는 화가 숨어 있다는 말로 복이 화가 될 수도 있다는 뜻이다.

'孰知其極'은 '極'이 '한계'이니 화와 복은 경계를 지을 수 없다는 뜻이고, '其無正'은 '其'가 화와 복을 가리키고 '正'은 '결정하다'이니 화와 복은 아무도 분명하게 정할 수 없다는 뜻이다.

正復爲奇, 善復爲妖.
人之迷, 其日固久.

바른 것은 다시 그른 것이 되고
좋은 것은 다시 나쁜 것이 되니
사람들이 혼란에 빠진 지 이미 오래다.

'正復爲奇'에서 '正'은 '바르다'이니 바른 것이고, '復'는 '다시'이며, '奇'는 '거짓'이다. 따라서 바른 것은 다시 그른 것이 된다는 뜻이다. '善復

老子를 만나라

爲妖’에서 ‘善’은 ‘좋다’이니 좋은 것이고, ‘妖’는 ‘재앙’이니 나쁜 것이다.

‘人之迷’는 ‘迷’가 ‘헷갈리다’이니 사람들이 혼란에 빠졌다는 뜻이고, ‘其日固久’는 ‘固’가 ‘이미’이니 그렇게 된 날이 이미 오래되었다는 뜻이다.

是以聖人方而不割, 廉而不劌, 直而不肆, 光而不燿.

이에 성인은 자기가 바르다고 하여

다른 사람의 잘못을 말하지 않고

결백해도 남을 헐뜯지 않으며

옳아도 하고 싶은 대로 하지 않고

이룬 것이 있어도 드러내 보이지 않는다.

‘聖人方而不割’은 ‘方’이 ‘바르다’이고 ‘割’은 ‘파헤치다’이니 성인은 자기가 바르다고 하여 남의 잘못을 말하지 않는다는 뜻이다. ‘廉而不劌’에서 ‘廉’은 ‘결백하다’이고, ‘劌’는 ‘상처를 입히다’이니 헐뜯는 것이다. ‘直而不肆’에서 ‘直’은 ‘옳다’이고, ‘肆’는 ‘방자하다’이니 제멋대로 하는 것이다. ‘光而不燿’는 ‘光’이 ‘빛나다’이고 ‘燿’는 ‘비치다’이니 이루어 빛나는 것이 있어도 드러내 보이지 않는다는 뜻이다.

第五十九章

사람을 다스리고 하늘을 섬기는 일은
농부가 농사를 지을 때처럼 해야 한다.
농사를 지을 땐 먼저 자신을 낮춰야 하니
먼저 자신을 낮추면 덕이 두터이 쌓인다.
덕이 두터이 쌓이면 모든 것을 이겨 내고
모든 것을 이겨 내면 하지 못할 것이 없다.
하지 못할 것이 없으면 나라를 얻게 되고
나라의 기틀을 세워 오래가게 할 수 있다.
이것이 뿌리를 깊고 단단하게 하는 것이니
오래도록 백성을 지키고 보살피는 길이다.

治人事天莫若嗇. 夫唯嗇, 是以早服, 早服, 謂之重積德.
重積德, 則無不克, 無不克, 則莫知其極, 莫知其極, 可以
有國, 有國之母, 可以長久. 是謂深根固柢, 長生久視之道.

治人事天莫若嗇.
夫唯嗇, 是以早服, 早服, 謂之重積德.

사람을 다스리고 하늘을 섬기는 일은
농부가 농사를 지을 때처럼 해야 한다.
농사를 지을 땐 먼저 자신을 낮춰야 하니
먼저 자신을 낮추면 덕이 두터이 쌓인다.

'治人事天莫若嗇'에서 '治人事天'은 사람을 다스리고 하늘을 섬기는 일이다. '莫若嗇'은 '若'이 '같다'이고 '嗇'은 '농사'이니 농사와 같은 것이 없다는 말로 농사를 지을 때처럼 해야 한다는 뜻이다.

'夫唯嗇, 是以早服'에서 '是'는 '治人事天'을 가리키고, '早'는 '일찍'이며, '服'은 '굽히다'이다. 따라서 농사를 지을 땐 사람을 다스리고 하늘을 섬길 때처럼 먼저 자신을 낮춰야 한다는 뜻이다. '早服, 謂之重積德'은 '之'가 '早服'을 가리키고 '重'은 '많다'이니 먼저 자신을 낮추면 덕을 많이 쌓을 수 있다는 뜻이다.

重積德, 則無不克, 無不克, 則莫知其極,
莫知其極, 可以有國, 有國之母, 可以長久.

덕이 두터이 쌓이면 모든 것을 이겨 내고
모든 것을 이겨 내면 하지 못할 것이 없다.
하지 못할 것이 없으면 나라를 얻게 되고
나라의 기틀을 세워 오래가게 할 수 있다.

'重積德, 則無不克'은 '克'이 '이기다'이니 덕을 많이 쌓으면 모든 것을 이겨 낸다는 뜻이다. '無不克, 則莫知其極'에서 '其'는 덕을 많이 쌓은 사람이고, '極'은 '한계'이다. 따라서 이기지 못할 것이 없는 사람은 하지 못할 것이 없다는 뜻이다.

'莫知其極, 可以有國'은 하지 못할 것이 없으면 나라를 얻을 수 있다는 뜻이고, '有國之母, 可以長久'는 '母'가 '근본'이니 나라의 기틀을 세워 오래가게 할 수 있다는 뜻이다.

是謂深根固柢, 長生久視之道.

이것이 뿌리를 깊고 단단하게 하는 것이니
오래도록 백성을 지키고 보살피는 길이다.

'是謂深根固柢'에서 '深根'은 '深'이 '깊다'이고 '根'은 '뿌리'이니 뿌리를 깊게 하는 것이고, '固柢'는 '固'가 '단단하다'이고 '柢'는 '뿌리'이니 뿌리를 단단하게 하는 것이다. 즉 나라의 기틀을 튼튼하게 한다는 뜻이다.

 老子를 만나라

'長生久視之道'에서 '長生'은 '生'이 '살다'이니 오래도록 살게 하는 것이고, '久視'는 '視'가 '돌보다'이니 오랫동안 보살피는 것이다.

第六十章

큰 나라를 다스리는 일은
작은 생선을 삶는 것과 같다.
도를 지키며 천하를 다스리면
귀신이 힘을 드러내지 않는다.
힘을 드러내지 않을 뿐 아니라
사람들을 해치지도 않는다.
귀신이 해치지 않을 뿐 아니라
성인도 해치는 일은 하지 않는다.
그들이 같이 해치지 않으니
덕은 모두 백성들에게 돌아간다.

治大國, 若烹小鮮. 以道莅天下, 其鬼不神. 非其鬼不神,
其神不傷人. 非其神不傷人, 聖人亦不傷人. 夫兩不相傷,
故德交歸焉.

老子를 만나라

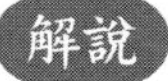

治大國, 若烹小鮮.

큰 나라를 다스리는 일은
작은 생선을 삶는 것과 같다.

'治大國'은 큰 나라를 다스리는 일이고, '烹小鮮'은 '烹'이 '삶다'이고
'鮮'은 '생선'이니 작은 생선을 삶는 일이다. 작은 생선은 살이 여리고
무르기 때문에 조심스럽게 다루어야 한다. 따라서 큰 나라를 다스릴
때는 도를 따르며 작은 생선을 삶듯이 다스려야 한다는 뜻이다.

以道蒞天下, 其鬼不神.
非其鬼不神, 其神不傷人.

도를 지키며 천하를 다스리면
귀신이 힘을 드러내지 않는다.
힘을 드러내지 않을 뿐 아니라
사람들을 해치지도 않는다.

'以道蒞天下'는 '蒞'가 '다스리다'이니 도를 따르며 천하를 다스린다는 뜻이다. '其鬼不神'은 '鬼'가 귀신이고 '神'은 '神靈'이니 귀신이 신비한 힘을 드러내지 않는다는 뜻이다. '非其鬼不神, 其神不傷人'은 귀신이 신비한 힘을 드러내지 않고 그 힘으로 사람들을 해치지도 않는다는 뜻이다.

> 非其神不傷人, 聖人亦不傷人.
> 夫兩不相傷, 故德交歸焉.
>
> 귀신이 해치지 않을 뿐 아니라
> 성인도 해치는 일은 하지 않는다.
> 그들이 같이 해치지 않으니
> 덕은 모두 백성들에게 돌아간다.

'非其神不傷人, 聖人亦不傷人'은 귀신이 신비한 힘으로 사람을 해치지 않고 성인 또한 사람을 해치지 않는다는 뜻이다. '夫兩不相傷, 故德交歸焉'에서 '兩'은 귀신과 성인을 가리키고, '交'는 '함께'이며, '焉'은 '於之'이다. 따라서 귀신과 성인이 모두 해치지 않기 때문에 천하를 다스리는 사람의 덕이 다 백성들에게 돌아간다는 뜻이다.

老子를 만나라

第六十一章

대국은 흘러가는 물이 모이는 곳처럼
천하의 온갖 것들이 그곳에서 만나니
만물을 낳고 기르는 암컷과도 같다.
암컷은 언제나 고요히 수컷을 이기고
고요함을 지키며 낮은 곳에 자리한다.
그처럼 대국이 소국에 낮추면 다스릴 수 있고
소국이 대국에 낮추면 의지할 수 있다.
그러므로 때로는 아래가 되어 다스리고
때로는 아래가 되어 의지한다.
대국은 소국의 백성을 함께 보살피려는 것이고
소국은 대국에 기대어 백성을 다스리려는 것이다.
그리하면 두 나라가 모두 바라는 것을 이루니
큰일을 이루려고 하면 반드시 아래가 되어야 한다.

大國者下流, 天下之交, 天下之牝. 牝常以靜勝牡, 以靜
爲下. 故大國以下小國, 則取小國, 小國以下大國, 則取大
國. 故或下以取, 或下而取. 大國不過欲兼畜人, 小國不過
欲入事人. 夫兩者各得其所欲, 大者宜爲下.

大國者下流, 天下之交, 天下之牝.
牝常以靜勝牡, 以靜爲下.

대국은 흘러가는 물이 모이는 곳처럼
천하의 온갖 것들이 그곳에서 만나니
만물을 낳고 기르는 암컷과도 같다.
암컷은 언제나 고요히 수컷을 이기고
고요함을 지키며 낮은 곳에 자리한다.

‘大國者下流’는 ‘下流’가 강이나 내의 아래쪽이니 큰 나라는 흐르는
물이 모이는 곳과 같다는 뜻이다. ‘天下之交’는 ‘交’가 ‘섞이다’이니 세상
의 온갖 것들이 모이는 곳이고, ‘天下之牝’은 천하의 암컷이니 만물을
낳은 암컷으로 도를 가리킨다.

‘牝常以靜勝牡, 以靜爲下’에서 ‘靜’은 모두 ‘고요하다’이니 고요히 지
낸다는 뜻이고, ‘爲下’는 ‘下’가 ‘아래’이니 아래쪽에 머문다는 뜻이다.

故大國以下小國, 則取小國,
小國以下大國, 則取大國.
故或下以取, 或下而取.

老子를 만나라

그처럼 대국이 소국에 낮추면 다스릴 수 있고
소국이 대국에 낮추면 의지할 수 있다.
그러므로 때로는 아래가 되어 다스리고
때로는 아래가 되어 의지한다.

'大國以下小國, 則取小國'은 '下'가 '낮추다'이고 '取'는 '다스리다'이니 대국이 소국에 낮추면 소국을 다스릴 수 있다는 뜻이다. '小國以下大國, 則取大國'에서 '取大國'은 '取'가 '의지하다'이니 대국에 의지한다는 뜻이다.

'故或下以取, 或下而取'에서 첫 번째 '取'는 '다스리다'이고, 두 번째 '取'는 '의지하다'이다. 그러므로 때로는 자신을 낮추어 남을 다스리고, 때로는 자신을 낮추어 남에게 의지한다는 뜻이다.

大國不過欲兼畜人, 小國不過欲入事人.
夫兩者各得其所欲, 大者宜爲下.

대국은 소국의 백성을 함께 보살피려는 것이고
소국은 대국에 기대어 백성을 다스리려는 것이다.
그리하면 두 나라가 모두 바라는 것을 이루니
큰일을 이루려고 하면 반드시 아래가 되어야 한다.

‘大國不過欲兼畜人’에서 ‘不過’는 ‘過’가 ‘지나다’이니 그 정도에 지나지 않는다는 뜻이고, ‘兼畜’은 ‘兼’이 ‘함께’이고 ‘畜’은 ‘기르다’이니 함께 기르는 것이다. 따라서 대국은 단지 소국의 백성을 함께 보살피려 한다는 뜻이다. ‘小國不過欲入事人’은 ‘入’이 ‘들어가다’이고 ‘事’는 ‘다스리다’이니 소국은 대국에 기대어 백성을 다스리려 한다는 뜻이다.

‘夫兩者各得其所欲’에서 ‘兩者’는 대국과 소국이고, ‘所欲’은 ‘欲’이 ‘바라다’이니 바라는 것으로 백성을 보살피고 다스리는 일이다. ‘大者宜爲下’에서 ‘大’는 ‘크다’이니 큰 것을 한다는 뜻이고, ‘宜’는 ‘마땅히 ~하여야 한다’이다. 따라서 백성을 보살피고 다스리는 큰일을 하려면 반드시 낮추어야 한다는 뜻이다.

老子를 만나라

第六十二章

도는 만물이 깊숙이 안기는 곳이니
착한 사람은 보배처럼 소중히 여기고
착하지 않은 사람도 따르고 싶어 한다.
좋은 말은 곳곳으로 널리 퍼져 나가고
올바른 행동은 사람들을 일깨워 주는데
사람이 착하지 않다고 내칠 수 있겠는가?
그러므로 천자를 세우고 삼공을 둘 때
비록 큰 옥을 사두마차에 앞세워 바쳐도
앉아서 힘써 이 도를 닦는 것만 못하다.
예로부터 도를 소중히 한 까닭은 무엇인가?
말해 주지 않아도 구하면 얻을 수 있고
죄가 있어도 따르면 용서받기 때문이 아닌가?
그러하니 이 세상에서 가장 소중한 것이다.

道者萬物之奧, 善人之寶, 不善人之所保. 美言可以市,
尊行可以加人. 人之不善, 何棄之有? 故立天子, 置三公,
雖有拱璧以先駟馬, 不如坐進此道. 古之所以貴此道者
何? 不曰以求得, 有罪以免邪? 故爲天下貴.

道者萬物之奧, 善人之寶, 不善人之所保.

도는 만물이 깊숙이 안기는 곳이니
착한 사람은 보배처럼 소중히 여기고
착하지 않은 사람도 따르고 싶어 한다.

'道者萬物之奧'는 '奧'가 '깊숙한 곳'이니 도는 만물이 깊숙이 안겨 있
는 곳이라는 뜻이다. '善人之寶'는 착한 사람의 보배이니 착한 사람이
소중히 여기는 것이고, '不善人之所保'는 '保'가 '보존하다'이니 착하지
않은 사람이 마음속에 지니고 따르고 싶어 하는 것이다.

美言可以市, 尊行可以加人.
人之不善, 何棄之有?

좋은 말은 곳곳으로 널리 퍼져 나가고
올바른 행동은 사람들을 일깨워 주는데
사람이 착하지 않다고 내칠 수 있겠는가?

'美言可以市'는 '市'가 '팔다'이니 좋은 말은 시장에서 팔리는 물건처

老子를 만나라

럼 널리 퍼져 나간다는 뜻이다. '尊行可以加人'에서 '尊行'은 '尊'이 '높다'이니 올바른 행동이고, '加人'은 '加'가 '영향을 미치다'이니 사람을 일깨운다는 뜻이다.

'人之不善, 何棄之有'에서 '善'은 '착하다'이고 '棄'는 '버리다'이다. 그러므로 사람이 비록 착하지 않을지라도 내쳐서는 안 된다는 뜻이다.

故立天子, 置三公, 雖有拱璧以先駟馬, 不如坐進此道.

그러므로 천자를 세우고 삼공을 둘 때
비록 큰 옥을 사두마차에 앞세워 바쳐도
앉아서 힘써 이 도를 닦는 것만 못하다.

'故立天子, 置三公'에서 '立天子'는 새로운 천자를 모시는 것이고, '置三公'은 '置'가 '두다'이니 천자가 자신을 도울 삼공을 임명하는 것이다. '雖有拱璧以先駟馬'에서 '拱璧'은 '拱'이 '두르다'이고 '璧'은 '둥근 옥'이니 둥글게 생긴 큰 옥이고, '駟馬'는 '駟'가 네 필의 말이니 사두마차를 뜻한다. '不如坐進此道'는 '進'이 '힘쓰다'이니 앉아서 힘써 도를 닦는 것보다 못하다는 뜻이다.

古之所以貴此道者何?
不曰以求得, 有罪以免邪?

故爲天下貴.

예로부터 도를 소중히 한 까닭은 무엇인가?
말해 주지 않아도 구하면 얻을 수 있고
죄가 있어도 따르면 용서받기 때문이 아닌가?
그러하니 이 세상에서 가장 소중한 것이다.

'古之所以貴此道者何'에서 '所以'는 '까닭'이고, '貴'는 '귀하게 여기다'
이며, '何'는 '무엇'이니 무엇 때문에 그러느냐는 말이다. '不曰以求得'은
'曰'이 '말하다'이니 도는 누가 말해 주지 않아도 누구나 구하면 얻을 수
있다는 뜻이고, '有罪以免邪'는 '免'이 '면하다'이니 죄가 있어도 도를 따
르면 용서받을 수 있다는 뜻이다. '故爲天下貴'는 '天下貴'가 천하에서
귀한 것이니 그렇기 때문에 모든 사람이 가장 소중하게 여겨야 한다는
뜻이다.

老子를 만나라

第六十三章

아무것도 하지 않는 듯이 해 나가야 하고

아무 힘도 들이지 않는 듯이 힘써야 하며

아무 맛도 느끼지 못한 듯이 느껴야 한다.

작은 것이라도 크게 여겨야 하고

적은 것이라도 많게 여겨야 하며

원한이 있을지라도 덕을 베풀어야 한다.

어려운 일은 쉬운 것부터 해야 하고

큰일은 작은 것부터 풀어 가야 한다.

어려운 일은 꼭 쉬운 것에서 시작되고

큰일은 반드시 작은 것에서 비롯되니

성인은 늘 큰일을 하려고 나서지 않는다.

그리하여 마침내 큰일을 이루어 낸다.

대체로 가볍게 승낙하는 말은 믿을 수 없고

너무 쉬운 것에는 많은 어려움이 숨어 있다.

이에 성인은 모든 것을 오직 어렵게 여긴다.

그러하니 끝끝내 어려운 일이 생기지 않는다.

爲無爲, 事無事, 味無味. 大小多少, 報怨以德. 圖難於其
易, 爲大於其細. 天下難事, 必作於易, 天下大事, 必作於
細. 是以聖人終不爲大, 故能成其大. 夫輕諾必寡信, 多易
必多難. 是以聖人猶難之, 故終無難矣.

爲無爲, 事無事, 味無味.
大小多少, 報怨以德.

아무것도 하지 않는 듯이 해 나가야 하고
아무 힘도 들이지 않는 듯이 힘써야 하며
아무 맛도 느끼지 못한 듯이 느껴야 한다.
작은 것이라도 크게 여겨야 하고
적은 것이라도 많게 여겨야 하며
원한이 있을지라도 덕을 베풀어야 한다.

'爲無爲'는 '爲'가 '하다'이고 '無爲'는 하지 않는 듯이 하는 것이니 억
지로 하지 말고 하지 않는 듯이 자연스럽게 해야 한다는 뜻이다. '事無
事'는 '事'가 '힘쓰다'이고 '無事'는 힘쓰지 않고 하는 것이니 일은 힘을

　　　　　　　　　　　　　　老子를 만나라

들이지 않는 것처럼 해야 한다는 뜻이다. '味無味'는 '味'가 '맛보다'이고 '無味'는 맛보지 않는 듯이 맛보는 것이니 맛은 느끼지 못한 듯이 느껴야 한다는 뜻이다.

'大小多少'는 '大小'가 작은 것을 크게 여기는 것이고 '多少'가 적은 것을 많게 여기는 것이니 보잘것없어도 소중히 해야 한다는 뜻이다. '報怨以德'은 '報'가 '갚다'이고 '怨'은 '원한'이니 원한은 덕으로 갚아야 한다는 뜻이다.

圖難於其易, 爲大於其細.
天下難事, 必作於易, 天下大事, 必作於細.
是以聖人終不爲大, 故能成其大.

어려운 일은 쉬운 것부터 해야 하고
큰일은 작은 것부터 풀어 가야 한다.
어려운 일은 꼭 쉬운 것에서 시작되고
큰일은 반드시 작은 것에서 비롯되니
성인은 늘 큰일을 하려고 나서지 않는다.
그리하여 마침내 큰일을 이루어 낸다.

'圖難於其易'에서 '圖'는 '도모하다'이고, '難'은 어려운 일이며, '易'는 쉬운 것이다. 따라서 어려운 일은 쉬운 것부터 해 나가야 한다는 뜻이다. '爲大於其細'에서 '大'는 큰일이고, '細'는 작은 것이다. '天下難事, 必

作於易'는 '作'이 '일어나다'이니 세상의 어려운 일은 반드시 쉬운 것에서 생겨난다는 뜻이다.

'是以聖人終不爲大'에서 '不爲大'는 큰일을 하려고 나서지 않는다는 뜻이고, '故能成其大'에서 '其大'는 '其'가 성인을 가리키니 성인이 하고자 하는 큰일이다.

夫輕諾必寡信, 多易必多難.
是以聖人猶難之, 故終無難矣.

대체로 가볍게 승낙하는 말은 믿을 수 없고
너무 쉬운 것에는 많은 어려움이 숨어 있다.
이에 성인은 모든 것을 오직 어렵게 여긴다.
그러하니 끝끝내 어려운 일이 생기지 않는다.

'夫輕諾必寡信'에서 '輕諾'은 '諾'이 '승낙하다'이니 가볍게 승낙하는 것이고, '寡信'은 '寡'가 '없다'이니 믿을 수 없다는 뜻이다. '多易必多難'에서 '多易'는 '多'가 '많이'이니 너무 쉬운 것이고, '多難'은 '多'가 '많다'이니 어려움이 많다는 뜻이다.

'是以聖人猶難之, 故終無難矣'에서 '猶'는 '다만'이고 '之'는 성인이 하고자 하는 모든 것을 가리킨다. 그러므로 성인은 모든 일을 어렵게 여기기 때문에 끝내 아무런 어려움도 생기지 않는다는 뜻이다.

　　老子를 만나라

第六十四章

안정되어 있을 땐 쉽게 지킬 수 있고
조짐이 없을 땐 쉽게 시작할 수 있다.
무르고 부드러운 것은 쉽게 풀어지고
너무 작은 것들은 쉽게 흩어져 버린다.
일은 하기 전에 잘 헤아려 봐야 하고
어지러워지기 전에 바로잡아야 한다.
아름드리 큰 나무는 새싹에서 자라나고
높은 누각은 흙 쌓기에서 비롯되며
머나먼 길은 발밑에서부터 시작된다.
하려고 하면 그르치고 가지려고 하면 잃는다.
이에 성인은 하려고 하지 않으니 그르치지 않고
가지려고 하지 않으니 잃지 않는다.
사람의 일은 늘 거의 이루어지다 잘못되니
끝을 처음처럼 조심하면 그르치지 않는다.
그러므로 성인은 하려는 것이 없기를 바라고
얻기 어려운 재물을 귀하게 여기지 않으며
배우지 않는 것을 배움으로 여기고
사람들이 그르친 일들을 바로잡는다.

그리하여 만물이 스스로 살아가도록 도을 뿐
감히 나서서 애써 다스리려고 하지 않는다.

其安易持, 其未兆易謀. 其脆易泮, 其微易散. 爲之於未
有, 治之於未亂. 合抱之木, 生於毫末, 九層之臺, 起於累
土, 千里之行, 始於足下. 爲者敗之, 執者失之. 是以聖人
無爲故無敗, 無執故無失. 民之從事, 常於幾成而敗之. 愼
終如始, 則無敗事. 是以聖人欲不欲, 不貴難得之貨, 學不
學, 復衆人之所過, 以輔萬物之自然, 而不敢爲.

其安易持, 其未兆易謀.
其脆易泮, 其微易散.

안정되어 있을 땐 쉽게 지킬 수 있고
조짐이 없을 땐 쉽게 시작할 수 있다.
무르고 부드러운 것은 쉽게 풀어지고
너무 작은 것들은 쉽게 흩어져 버린다.

                                    老子를 만나라

‘其安易持’는 ‘安’이 ‘편안하다’이고 ‘持’는 ‘지키다’이니 안정된 것은 그 상태를 유지하기 쉽다는 뜻이다. ‘其未兆易謀’는 ‘兆’가 ‘조짐’이고 ‘謀’는 ‘도모하다’이니 아무런 조짐이 없을 때는 뭔가를 시작하기 쉽다는 뜻이다.

‘其脆易泮’에서 ‘脆’는 ‘연하다’이니 무르고 부드러운 것이고, ‘泮’은 ‘풀리다’이다. ‘其微易散’에서 ‘微’는 아주 작은 것이고, ‘散’은 ‘흩어지다’이다.

爲之於未有, 治之於未亂.
合抱之木, 生於毫末,
九層之臺, 起於累土,
千里之行, 始於足下.

일은 하기 전에 잘 헤아려 봐야 하고
어지러워지기 전에 바로잡아야 한다.
아름드리 큰 나무는 새싹에서 자라나고
높은 누각은 흙 쌓기에서 비롯되며
머나먼 길은 발밑에서부터 시작된다.

‘爲之於未有’에서 ‘爲’는 ‘생각하다’이고, ‘之’는 어떤 일을 가리키며, ‘未有’는 아직 생기지 않았을 때이다. 따라서 일은 시작하기 전에 미리 헤아려 봐야 한다는 뜻이다. ‘治之於未亂’에서 ‘治’는 ‘다스리다’이니 바로잡는 것이고, ‘未亂’은 아직 어지러워지지 않았을 때이다.

‘合抱之木, 生於毫末’에서 ‘合抱之木’은 ‘合’이 ‘모으다’이고 ‘抱’는 ‘안다’이니 양팔로 안을 수 있는 나무이고, ‘毫末’은 ‘毫’가 ‘털’이고 ‘末’이 ‘끝’이니 새싹을 뜻한다. 따라서 아름드리 큰 나무는 새싹에서 자라난다는 뜻이다.

‘九層之臺’는 ‘九層’이 여러 층을 뜻하니 높은 누각이고, ‘起於累土’는 ‘起’가 ‘비롯하다’이고 ‘累’는 ‘쌓다’이니 먼저 흙을 쌓은 뒤에 짓는다는 뜻이다. ‘千里之行’은 ‘千里’가 먼 거리이니 아주 먼 길을 가는 것이고, ‘始於足下’는 ‘足下’가 ‘발아래’이니 한 걸음씩 나아가야 한다는 뜻이다.

爲者敗之, 執者失之.
是以聖人無爲故無敗, 無執故無失.

하려고 하면 그르치고 가지려고 하면 잃는다.
이에 성인은 하려고 하지 않으니 그르치지 않고
가지려고 하지 않으니 잃지 않는다.

‘爲者敗之, 執者失之’는 이미 29장에서 나왔다. ‘爲者敗之’에서 ‘爲者’는 뭔가를 억지로 하려는 사람이고, ‘敗’는 ‘실패하다’이니 그르친다는 뜻이다. ‘執者失之’에서 ‘執者’는 뭔가를 억지로 가지려는 사람이고, ‘失’은 ‘잃다’이니 가지지 못한다는 뜻이다.

‘是以聖人無爲故無敗, 無執故無失’에서 ‘無爲故無敗’는 억지로 하지

老子를 만나라

않기 때문에 그르치지 않는다는 뜻이고, '無執故無失'은 억지로 가지려
고 하지 않기 때문에 잃지 않는다는 뜻이다.

　　民之從事, 常於幾成而敗之.
　　愼終如始, 則無敗事.

　　사람의 일은 늘 거의 이루어지다 잘못되니
　　끝을 처음처럼 조심하면 그르치지 않는다.

'民之從事, 常於幾成而敗之'에서 '從事'는 힘쓰는 일이고, '幾'는 '언저
리'이며, '之'는 '從事'를 가리킨다. 따라서 사람이 힘쓰는 일은 언제나
거의 이루어지다 잘못된다는 뜻이다.

'愼終如始, 則無敗事'에서 '愼'은 '삼가다'이고, '始'는 '처음'이며, '事'는
하고자 하는 일이다. 그러므로 끝을 처음처럼 조심하면 하고자 하는
일을 그르치지 않는다는 뜻이다.

　　是以聖人欲不欲, 不貴難得之貨, 學不學,
　　復衆人之所過, 以輔萬物之自然, 而不敢爲.

　　그러므로 성인은 하려는 것이 없기를 바라고
　　얻기 어려운 재물을 귀하게 여기지 않으며

배우지 않는 것을 배움으로 여기고

사람들이 그르친 일들을 바로잡는다.

그리하여 만물이 스스로 살아가도록 도울 뿐

감히 나서서 애써 다스리려고 하지 않는다.

'聖人欲不欲'은 첫 번째 '欲'이 '바라다'이고 두 번째 '欲'은 '하고자 하다'이니 성인은 억지로 하려는 것이 없기를 바란다는 뜻이다. '不貴難得之貨, 學不學'에서 '難得之貨'는 얻기 어려운 값비싼 재물이고, '學不學'은 배우지 않는 것을 배움으로 여긴다는 뜻이다. '復衆人之所過'에서 '復'은 '되돌리다'이니 바로잡는다는 뜻이고, '所過'는 '過'가 '잘못하다'이니 잘못한 일이다. '以輔萬物之自然, 而不敢爲'에서 '輔'는 '돕다'이고, '自然'은 스스로 살아간다는 뜻이며, '爲'는 '다스리다'이다.

老子를 만나라

第六十五章

먼 옛날 도를 잘 지키며 세상을 다스린 사람들은
백성을 똑똑하게 하지 않고 어리석게 만들었다.
백성을 잘 다스리지 못하는 것은 지혜롭기 때문이다.
그러므로 지혜로 나라를 다스리면 나라에 해가 되고
지혜로 나라를 다스리지 않으면 나라에 복이 된다.
이 두 가지 또한 지켜야 한다는 것을 알아야 하니
언제나 지켜야 할 것을 알면 큰 덕을 쌓을 수 있다.
큰 덕은 넉넉하여 온 곳으로 널리 퍼져 나가고
만물과 함께 처음으로 되돌아가 도를 따를 뿐이다.

古之善爲道者, 非以明民, 將以愚之. 民之難治, 以其智
多. 故以智治國, 國之賊, 不以智治國, 國之福. 知此兩者
亦稽式, 常知稽式, 是謂玄德. 玄德深矣遠矣, 與物反矣,
然後乃至大順.

古之善爲道者, 非以明民, 將以愚之.
民之難治, 以其智多.

먼 옛날 도를 잘 지키며 세상을 다스린 사람들은
백성을 똑똑하게 하지 않고 어리석게 만들었다.
백성을 잘 다스리지 못하는 것은 지혜롭기 때문이다.

'古之善爲道者'에서 '善爲道者'는 '善'이 '잘하다'이니 도를 잘 지킨 사람들이다. '非以明民, 將以愚之'는 '明'이 '똑똑하다'이고 '之'는 '民'을 가리키니 백성을 똑똑하게 하지 않고 도리어 어리석게 만들었다는 뜻이다.

'民之難治, 以其智多'에서 '難治'는 다스리기 어렵다는 뜻이고, '其'는 백성을 다스리는 사람을 가리킨다. 따라서 백성이 잘 다스려지지 않는 것은 통치자가 너무 지혜롭기 때문이라는 뜻이다.

故以智治國, 國之賊, 不以智治國, 國之福.
知此兩者亦稽式, 常知稽式, 是謂玄德.

그러므로 지혜로 나라를 다스리면 나라에 해가 되고
지혜로 나라를 다스리지 않으면 나라에 복이 된다.

老子를 만나라

이 두 가지 또한 지켜야 한다는 것을 알아야 하니
언제나 지켜야 할 것을 알면 큰 덕을 쌓을 수 있다.

‘以智治國, 國之賊’은 ‘賊’이 ‘도둑’이니 지혜로 나라를 다스리면 나라를 해롭게 한다는 뜻이고, ‘不以智治國, 國之福’은 ‘福’이 ‘복’이니 지혜로 나라를 다스리지 않으면 나라를 복되게 한다는 뜻이다.

‘慧智出有大僞’라는 말이 18장에서 나왔다. 누군가가 지혜를 드러내면 어디선가 큰 거짓이 나타난다는 뜻이다. 19장에는 ‘絶聖棄智, 民利百倍’라는 말이 나와 있다. 성인을 멀리하고 지혜를 버리면 백성이 훨씬 더 잘살게 된다는 뜻이다. 그러므로 나라를 다스리는 사람은 지혜를 버리고 도를 따르며 無爲로 다스려야 한다는 노자의 가르침이다.

‘知此兩者亦稽式’에서 ‘此兩者’는 ‘以智治國, 國之賊’과 ‘不以智治國, 國之福’을 가리킨다. ‘稽式’은 ‘稽’가 ‘헤아리다’이고 ‘式’이 ‘본받다’이니 헤아리고 본받아야 하는 것으로 백성을 다스리는 사람들이 지켜야 할 법도이다. ‘常知稽式, 是謂玄德’은 ‘是’가 ‘常知稽式’을 가리키니 언제나 지켜야 할 법도를 알면 큰 덕을 쌓게 된다는 뜻이다.

玄德深矣遠矣, 與物反矣, 然後乃至大順.

큰 덕은 넉넉하여 온 곳으로 널리 퍼져 나가고
만물과 함께 처음으로 되돌아가 도를 따를 뿐이다.

‘玄德深矣遠矣’는 ‘深’이 ‘넉넉하다’이고 ‘遠’은 ‘멀다’이니 현덕은 넉넉해 곳곳으로 널리 퍼져 나간다는 뜻이다. ‘與物反矣’는 ‘與’가 ‘더불다’이고 ‘反’은 ‘되돌아가다’이니 만물과 함께 처음으로 다시 돌아간다는 뜻이다.

‘然後乃至大順’에서 ‘大順’은 ‘大’가 ‘하늘’이고 ‘順’은 ‘도리’이니 하늘의 도리로 곧 도이다. 그러므로 ‘至大順’은 ‘至’가 ‘이르다’이니 도를 따른다는 뜻이다. ‘孔德之容, 惟道是從’이라는 말이 21장에서 나왔다. 큰 덕은 오직 도를 따른다는 뜻이다.

老子를 만나라

第六十六章

강과 바다가 온갖 골짜기 중에서 빼어난 것은
한결같이 아래쪽에 머물러 있기 때문이다.
그리하여 온갖 골짜기 중에서 빼어나게 되었다.
그러므로 성인이 백성들 위에 있고자 하면
반드시 그들의 밑이라는 것을 밝혀야 하고
백성들 앞에 서고자 하면
반드시 그들의 뒤에 자신을 두어야 한다.
그리하면 성인이 위에 있어도
백성들은 무거운 짐으로 여기지 않고
앞에 있어도 해가 된다고 여기지 않는다.
그리하여 모두가 기꺼이 받들고 싫어하지 않으니
그와는 다툴 일이 없어 아무도 다투려 들지 않는다.

江海所以能爲百谷王者, 以其善下之, 故能爲百谷王. 是
以欲上民, 必以言下之, 欲先民, 必以身後之. 是以聖人處
上而民不重, 處前而民不害. 是以天下樂推而不厭, 以其
不爭, 故天下莫能與之爭.

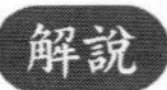

江海所以能爲百谷王者, 以其善下之, 故能爲百谷王.

강과 바다가 온갖 골짜기 중에서 빼어난 것은
한결같이 아래쪽에 머물러 있기 때문이다.
그리하여 온갖 골짜기 중에서 빼어나게 되었다.

'江海所以能爲百谷王者'에서 '百谷王'은 온갖 골짜기의 왕이니 골짜기 중에서 매우 빼어나다는 뜻이다. '以其善下之, 故能爲百谷王'에서 '其'는 강과 바다를 가리키고, '下'는 '낮추다'이며, '之'는 百谷을 가리킨다. 따라서 강과 바다는 아래쪽에 머물기를 좋아하기 때문에 온갖 골짜기의 물이 그곳으로 흘러들어 매우 빼어나게 되었다는 뜻이다.

是以欲上民, 必以言下之, 欲先民, 必以身後之.

그러므로 성인이 백성들 위에 있고자 하면
반드시 그들의 밑이라는 것을 밝혀야 하고
백성들 앞에 서고자 하면
반드시 그들의 뒤에 자신을 두어야 한다.

老子를 만나라

‘是以欲上民’에서 ‘欲上民’은 ‘上’이 ‘오르다’이니 백성들의 윗사람이
되려고 하는 것이다. ‘必以言下之’는 ‘之’가 백성을 가리키니 반드시 백
성들보다 밑에 있다는 것을 말해야 한다는 뜻이다. ‘欲先民’은 ‘先民’이
백성들 앞에 서는 것이니 백성들을 이끌고자 하는 것이고, ‘必以身後
之’는 ‘後’가 ‘뒤서다’이니 반드시 백성들을 따라가야 한다는 뜻이다.

是以聖人處上而民不重, 處前而民不害.

그리하면 성인이 위에 있어도
백성들은 무거운 짐으로 여기지 않고
앞에 있어도 해가 된다고 여기지 않는다.

‘是以聖人處上而民不重’에서 ‘處上’은 위에서 다스린다는 뜻이고, ‘民
不重’은 ‘重’이 ‘무겁다’이니 백성들이 힘들어하지 않는다는 뜻이다. ‘處
前而民不害’에서 ‘處前’은 앞에서 이끈다는 뜻이고, ‘民不害’는 ‘害’가 ‘해
치다’이니 백성들이 해친다고 생각하지 않는다는 뜻이다.

是以天下樂推而不厭, 以其不爭, 故天下莫能與之爭.

그리하여 모두가 기꺼이 받들고 싫어하지 않으니
그와는 다툴 일이 없어 아무도 다투려 들지 않는다.

‘是以天下樂推而不厭’에서 ‘天下’는 천하의 사람들로 백성을 가리키고, ‘樂推’는 ‘推’가 ‘받들다’이니 즐거운 마음으로 받든다는 뜻이다. ‘以其不爭, 故天下莫能與之爭’에서 ‘其’와 ‘之’는 모두 성인을 가리킨다. 따라서 성인은 다툴 일을 만들지 않으므로 아무도 그와 다툴 수 없다는 뜻이다.

老子를 만나라

第六十七章

이 세상 모든 사람이 내가 말하는 도에 대하여
뛰어나기는 해도 바르지 않은 것 같다고 말한다.
오직 뛰어나기 때문에 바르지 않게 보일 뿐이다.
바르게 보였다면 벌써 보잘것없게 되고 말았다.
나에게는 세 가지 보배가 있으니
그것들을 마음속에 간직하고 지킨다.
첫째는 사랑하는 마음이고
둘째는 검소하게 살아가는 것이며
셋째는 세상에서 감히 앞서지 않는 것이다.
사랑하게 되면 용감해질 수 있고
검소하게 살면 너그러워질 수 있으며
앞서려고 하지 않으면 큰일을 이룰 수 있다.
지금처럼 사랑하지 않으면서도 용감하고
검소하게 살지 않으면서도 너그럽고
뒤에 있지 않고 앞에 서면 죽음이 따를 뿐이다.
백성을 사랑하는 마음으로 적과 싸우면 이기고
나라를 지키면 그 나라는 굳건해지니
하늘은 그를 돕고 사랑하는 마음으로 지켜 줄 것이다.

天下皆謂我道大似不肖. 夫唯大, 故似不肖. 若肖久矣,
其細也夫! 我有三寶, 持而保之. 一曰慈, 二曰儉, 三曰不
敢爲天下先. 慈故能勇, 儉故能廣, 不敢爲天下先, 故能成
器長. 今舍慈且勇, 舍儉且廣, 舍後且先, 死矣! 夫慈以戰
則勝, 以守則固. 天將救之, 以慈衛之.

天下皆謂我道大似不肖. 夫唯大, 故似不肖.
若肖久矣, 其細也夫!

이 세상 모든 사람이 내가 말하는 도에 대하여
뛰어나기는 해도 바르지 않은 것 같다고 말한다.
오직 뛰어나기 때문에 바르지 않게 보일 뿐이다.
바르게 보였다면 벌써 보잘것없게 되고 말았다.

'天下皆謂我道大似不肖'에서 '我道大'는 '大'가 '뛰어나다'이니 내가 말
하는 도가 뛰어나다는 뜻이고, '似不肖'는 '似'가 '같다'이고 '肖'는 '닮다'
이니 바르지 않은 것 같다는 뜻이다.

'若肖久矣, 其細也夫'는 '若肖其細久矣'가 본래의 문장이나 '其細'를

　　　　　　　　　　　　　　　　　　　　老子를 만나라

강조하기 위해 뒤쪽에 둔 것이다. 그러므로 '若'이 '만약'이고 '細'가 '작다'이니 바르게 보였다면 오래전에 보잘것없게 되었다는 뜻이다.

我有三寶, 持而保之.
一曰慈, 二曰儉, 三曰不敢爲天下先.

나에게는 세 가지 보배가 있으니
그것들을 마음속에 간직하고 지킨다.
첫째는 사랑하는 마음이고
둘째는 검소하게 살아가는 것이며
셋째는 세상에서 감히 앞서지 않는 것이다.

'我有三寶, 持而保之'에서 '持'는 '지니다'이니 마음속에 간직하는 것이고, '保'는 '지키다'이니 지키면서 살아간다는 뜻이며, '之'는 三寶를 가리킨다.

'一曰慈, 二曰儉, 三曰不敢爲天下先'에서 '慈'는 '사랑하다'이니 사랑하는 마음이고, '儉'은 '검소하다'이니 검소한 생활이며, '不敢爲天下先'은 '先'이 '앞'이니 세상에서 감히 남보다 앞서려 하지 않는 자세이다.

慈故能勇, 儉故能廣, 不敢爲天下先, 故能成器長.
今舍慈且勇, 舍儉且廣, 舍後且先, 死矣!

사랑하게 되면 용감해질 수 있고

검소하게 살면 너그러워질 수 있으며

앞서려고 하지 않으면 큰일을 이룰 수 있다.

지금처럼 사랑하지 않으면서도 용감하고

검소하게 살지 않으면서도 너그럽고

뒤에 있지 않고 앞에 서면 죽음이 따를 뿐이다.

'慈故能勇'은 '勇'이 '용감하다'이니 뭔가를 사랑하면 그것을 위해 용기를 낼 수 있다는 뜻이고, '儉故能廣'은 '廣'이 '너그럽다'이니 검소하게 살면 많은 것을 가지게 되므로 너그러워질 수 있다는 뜻이다. '不敢爲天下先'은 세상에서 감히 앞서지 않는다는 뜻이니 無爲로 살아가는 것이고, '故能成器長'은 '器長'이 그릇 중에 큰 것으로 뛰어난 사람을 가리키니 큰일을 하는 사람이 될 수 있다는 뜻이다.

'今舍慈且勇, 舍儉且廣, 舍後且先, 死矣'에서 '舍'는 모두 '버리다'이니 하지 않는다는 뜻이고, '死'는 '죽음이다. 따라서 지금 사람들은 사랑하지 않으면서도 용감하고, 검소하지 않으면서도 너그럽고, 뒤쪽에 있지 않고 남보다 앞서려고 하므로 죽음이 따른다는 뜻이다.

夫慈以戰則勝, 以守則固.

天將救之, 以慈衛之.

老子를 만나라

백성을 사랑하는 마음으로 적과 싸우면 이기고

나라를 지키면 그 나라는 굳건해지니

하늘은 그를 돕고 사랑하는 마음으로 지켜 줄 것이다.

'夫慈以戰則勝'은 '慈'가 사랑하는 마음이니 백성을 사랑하는 마음으로 적과 싸우면 용감해지기 때문에 이긴다는 뜻이다. '以守則固'는 '守'가 '지키다'이고 '固'는 '굳다'이니 백성을 사랑하는 마음으로 나라를 지키면 나라가 굳건해진다는 뜻이다.

'天將救之, 以慈衛之'에서 '救'는 '돕다'이고, '衛'는 '지키다'이며, '之'는 백성을 사랑하는 마음으로 적과 싸우고 나라를 지키는 사람을 가리킨다.

第六十八章

뛰어난 병사는 힘을 드러내지 않고
싸움을 잘하는 사람은 화내지 않으며
적을 쉽게 이기는 사람은 맞붙지 않고
남을 잘 부리는 사람은 자신을 낮춘다.
이를 다투지 않는 덕이라 하고
사람을 부리는 힘이라고 하며
하늘의 도를 따르는 것이라고 하니
예로부터 내려오는 한결같은 가르침이다.

善爲士者不武, 善戰者不怒, 善勝敵者不與, 善用人者爲
之下. 是謂不爭之德, 是謂用人之力, 是謂配天, 古之極.

善爲士者不武, 善戰者不怒, 善勝敵者不與, 善用人者爲之下.

뛰어난 병사는 힘을 드러내지 않고

싸움을 잘하는 사람은 화내지 않으며

적을 쉽게 이기는 사람은 맞붙지 않고

남을 잘 부리는 사람은 자신을 낮춘다.

'善爲士者不武'에서 '善爲士者'는 '善'이 '좋다, 잘하다'이고 '士'가 병사이니 뛰어난 병사이고, '武'는 '무예'이다. 따라서 뛰어난 병사는 자신의 무예를 함부로 드러내지 않는다는 뜻이다. '善戰者不怒'는 '戰'이 '싸움'이고 '怒'는 '성내다'이니 싸움을 잘하는 사람은 화를 내지 않는다는 뜻이다.

'善勝敵者不與'에서 '善勝敵者'는 적을 쉽게 이기는 사람이고, '不與'는 '與'가 '함께하다'이니 맞붙어 싸우지 않는다는 뜻이다. '善用人者爲之下'에서 '善用人者'는 사람을 잘 부리는 사람이고, '之'는 사람들을 가리키며, '下'는 '아래'이다.

是謂不爭之德, 是謂用人之力, 是謂配天, 古之極.

이를 다투지 않는 덕이라 하고
사람을 부리는 힘이라고 하며
하늘의 뜻을 따르는 것이라고 하니
예로부터 내려오는 옛사람의 가르침이다.

'是謂不爭之德'에서 '不爭之德'은 '德'이 '인품'이니 싸움을 멀리하는
마음이고, '是謂用人之力'에서 '用人之力'은 '力'이 '힘'이니 사람을 부리
는 능력이다. '是謂配天'에서 '配天'은 '配'가 '걸맞다'이니 하늘과 뜻을
같이하는 것으로 하늘의 도를 따른다는 뜻이다. '古之極'은 '極'이 '근본'
이니 옛사람이 근본으로 여긴 것으로 예로부터 내려오는 가르침을 뜻
한다.

老子를 만나라

第六十九章

군사를 움직일 때 전해 내려오는 말이 있다.

나는 감히 주인이 되지 않고 손님이 되며

한 치도 전진하지 않고 한 자를 후퇴한다.

이를 나아가지 않는 듯이 나아가고

힘을 들이지 않고도 물리치고

맞서 싸우지 않고도 쳐부수고

병기를 쓰지 않고도 지키는 것이라고 한다.

화는 적을 가볍게 보는 것보다 큰 것이 없으니

적을 가볍게 보는 사람들은 거의 목숨을 잃는다.

그러므로 군사를 일으켜 서로 싸울 때는

상을 치르는 마음으로 나아가는 사람들이 이긴다.

用兵有言, 吾不敢爲主而爲客, 不敢進寸而退尺. 是謂行
無行, 攘無臂, 扔無敵, 執無兵. 禍莫大於輕敵, 輕敵幾喪
吾寶. 故抗兵相加, 哀者勝矣.

用兵有言, 吾不敢爲主而爲客, 不敢進寸而退尺.

군사를 움직일 때 전해 내려오는 말이 있다.
나는 감히 주인이 되지 않고 손님이 되며
한 치도 전진하지 않고 한 자를 후퇴한다.

‘用兵有言’에서 ‘用兵’은 병사를 부리는 것이니 전쟁을 한다는 뜻이고, ‘言’은 전해 내려오는 본받을 만한 말이다. ‘吾不敢爲主而爲客’에서 ‘爲主’는 주인이 되는 것으로 먼저 싸움을 거는 것이고, ‘爲客’은 손님이 되는 것으로 상대가 하는 대로 따르는 것이다. ‘不敢進寸而退尺’에서 ‘進寸’은 한 치를 전진하는 것이고, ‘退尺’은 한 자를 후퇴하는 것이다. 그러므로 작은 땅일지라도 감히 먼저 쳐들어가지 않고, 비록 넓은 땅일지라도 적에게 내주고 물러난다는 뜻이다.

是謂行無行, 攘無臂, 扔無敵, 執無兵.

이를 나아가지 않는 듯이 나아가고
힘을 들이지 않고도 물리치고
맞서 싸우지 않고도 쳐부수고

老子를 만나라

병기를 쓰지 않고도 지키는 것이라고 한다.

'行無行'은 나아가도 나아감이 없다는 말이니 나아가지 않는 듯이 나아간다는 뜻이다. '攘無臂'에서 '攘'은 '물리치다'이고, '無臂'는 '臂'가 '팔'이니 팔을 쓰지 않는 것이다. 따라서 힘을 들이지 않고 적을 물리친다는 뜻이다. '扔無敵'은 '扔'이 '부수다'이고 '敵'은 '맞서다'이니 맞서지 않고 적을 쳐부순다는 뜻이고, '執無兵'은 '執'이 '지키다'이고 '兵'은 '병기'이니 병기를 쓰지 않고 지킨다는 뜻이다.

禍莫大於輕敵, 輕敵幾喪吾寶.
故抗兵相加, 哀者勝矣.

화는 적을 가볍게 보는 것보다 큰 것이 없으니
적을 가볍게 보는 사람들은 거의 목숨을 잃는다.
그러므로 군사를 일으켜 서로 싸울 때는
상을 치르는 마음으로 나아가는 사람들이 이긴다.

'禍莫大於輕敵'에서 '輕敵'은 '輕'이 '가벼이 여기다'이니 적을 얕잡아 보는 것이고, '輕敵幾喪吾寶'에서 '幾喪吾寶'는 '喪'이 '잃다'이고 '寶'는 '몸'이니 대부분 자기의 목숨을 잃는다는 뜻이다.

'故抗兵相加'에서 '抗兵'은 '抗'이 '들다'이니 군사를 일으키는 것이고,

‘相加’는 ‘加’가 ‘치다’이니 서로 싸운다는 뜻이다. ‘哀者勝矣’에서 ‘哀者’는 ‘哀’가 ‘슬프다’이니 슬퍼하는 사람이다. 그러므로 적을 얕보지 않고 상을 치르듯이 슬픈 마음으로 전쟁터에 나아가는 사람들이 이긴다는 뜻이다.

　‘偏將軍居左, 上將軍居右, 言以喪禮處之’라는 말이 31장에서 나왔다. 낮은 장수를 왼쪽에 두고 높은 장수를 오른쪽에 두는 것은 상례를 따르기 위해 그렇게 한다는 뜻이다. 君子가 군사를 일으킬 때의 모습으로 상을 치르는 마음으로 그처럼 했다는 것을 알 수 있다.

老子를 만나라

第七十章

내 말은 너무나 알기 쉽고 따르기도 쉽지만
사람들은 알지도 못하고 따르지도 못한다.
말에는 반드시 지켜야 할 것이 있고
일에는 반드시 해야 할 것이 있으나
단지 그것을 알지 못해 내 말을 알지 못한다.
내 말을 아는 사람은 바라는 것이 있고
내 말을 따르는 사람은 소중히 여기는 것이 있다.
이에 성인은 거친 베옷을 입어도 가슴에 옥을 지닌다.

吾言甚易知, 甚易行. 天下莫能知, 莫能行. 言有宗, 事有
君. 夫唯無知, 是以不我知. 知我者希, 則我者貴. 是以聖
人被褐懷玉.

吾言甚易知, 甚易行.
天下莫能知, 莫能行.

내 말은 너무나 알기 쉽고 따르기도 쉽지만
사람들은 알지도 못하고 따르지도 못한다.

'吾言甚易知, 甚易行'에서 '吾言'은 노자의 말로 도에 관하여 하는 말
이고, '知'는 '알다'이며, '行'은 '행하다'이다. 따라서 도는 너무나 알기
쉽고 따르기도 매우 쉽다는 뜻이다.

'天下莫能知, 莫能行'은 세상 사람들이 도를 알지도 못하고 따르지도
못한다는 뜻이다. '大道甚夷, 而民好徑'이라는 말이 53장에서 나왔다.
대도를 따르는 일은 너무나도 쉽지만 사람들은 좁은 샛길로 빠지기를
좋아한다는 뜻이다.

言有宗, 事有君.
夫唯無知, 是以不我知.

말에는 반드시 지켜야 할 것이 있고
일에는 반드시 해야 할 것이 있으나

老子를 만나라

단지 그것을 알지 못해 내 말을 알지 못한다.

'言有宗'은 '宗'이 '근본'이니 말에는 반드시 지켜야 할 것이 있다는 뜻
이고, '事有君'은 '君'이 '임금'이니 일에는 반드시 해야 할 것이 있다는
뜻이다.

'夫唯無知, 是以不我知'에서 '無知'는 반드시 지켜야 할 말과 해야 할
일을 알지 못한다는 뜻이고, '不我知'는 나를 알지 못하는 것으로 내가
도에 관하여 하는 말을 알지 못한다는 뜻이다.

知我者希, 則我者貴.
是以聖人被褐懷玉.

내 말을 아는 사람은 바라는 것이 있고
내 말을 따르는 사람은 소중히 여기는 것이 있다.
이에 성인은 거친 베옷을 입어도 가슴에 옥을 지닌다.

'知我者希'에서 '知我'는 나를 아는 것으로 내 말을 안다는 뜻이고, '希'
는 '바라다'이니 바라는 것이 있다는 뜻이다. '則我者貴'에서 '則我'는
'則'이 '본받다'이니 나를 본받는 것으로 내 말을 따른다는 뜻이고, '貴'
는 '귀중하다'이니 소중히 여기는 것이 있다는 뜻이다. 그러므로 '知我
者'와 '則我者'는 뒤에 나오는 성인을 가리키고, '希'와 '貴'는 바라는 것

과 소중히 여기는 것으로 도를 뜻한다.

'是以聖人被褐懷玉'에서 '被褐'은 '被'가 '입다'이고 '褐'은 '거친 베옷'이
니 남루한 옷을 입는다는 뜻이고, '懷玉'은 '懷'가 '품다'이고 '玉'은 도를
뜻하니 도를 지킨다는 뜻이다. 그러므로 성인은 아무리 어려운 일이
있어도 도를 지키며 살아간다는 뜻이다.

老子를 만나라

第七十一章

모른다는 것을 아는 것이 가장 좋고
아는 것을 모르면 그것은 허물이다.
대체로 허물을 단지 허물로 여기면
그로써 더는 허물이 생기지 않는다.
성인은 아무런 허물도 생기지 않으니
허물을 단지 허물로 여기기 때문이다.
그리하여 더는 허물이 생기지 않는다.

知不知上, 不知知病. 夫唯病病, 是以不病. 聖人不病, 以
其病病, 是以不病.

知不知上, 不知知病.
夫唯病病, 是以不病.

모른다는 것을 아는 것이 가장 좋고
아는 것을 모르면 그것은 허물이다.
대체로 허물을 단지 허물로 여기면
그로써 더는 허물이 생기지 않는다.

‘知不知上’은 ‘知不知’가 ‘不知’를 아는 것이고 ‘上’은 ‘첫째’이니 모른다
는 사실을 아는 것이 가장 좋다는 뜻이다. ‘不知知病’에서 ‘不知知’는 알
고 있는 것을 모른다는 뜻이고, ‘病’은 ‘흠’으로 허물을 뜻한다.
‘夫唯病病’에서 ‘病病’은 첫 번째 ‘病’이 동사로 허물로 여긴다는 뜻이
고, 두 번째 ‘病’은 명사로 허물이다. 따라서 허물을 허물로 여기는 것
이다. ‘是以不病’에서 ‘是’는 ‘病病’을 가리키고, ‘不病’은 허물이 생기지
않는다는 뜻이다.

聖人不病, 以其病病, 是以不病.

　　　　　　　　　老子를 만나라

성인은 아무런 허물도 생기지 않으니
허물을 단지 허물로 여기기 때문이다.
그리하여 더는 허물이 생기지 않는다.

'聖人不病 以其病病'에서 '其'는 성인을 가리키고, '是以不病'에서 '是'
는 '病病'을 가리킨다. 그러므로 성인은 자기의 허물을 스스로 허물로
여기기 때문에 더는 허물이 생기지 않는다는 뜻이다.

第七十二章

백성이 권위를 두려워하지 않아야 하니
그래야 비로소 권위가 높이 서게 된다.
그들이 살아가는 곳을 소홀히 하지 말고
그들과 함께 사는 것을 싫어하지 마라.
싫어하지 않아야 그들도 싫어하지 않는다.
이에 성인은 지혜가 있어도 드러내지 않고
아끼는 것이 있어도 귀하게 여기지 않는다.
그러므로 나타내지 않고 가슴속에 지닌다.

民不畏威, 則大威至. 無狎其所居, 無厭其所生. 夫唯不
厭, 是以不厭. 是以聖人自知不自見, 自愛不自貴. 故去彼
取此.

老子를 만나라

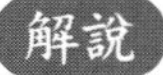

民不畏威, 則大威至.

백성이 권위를 두려워하지 않아야 하니
그래야 비로소 권위가 높이 서게 된다.

'民不畏威'는 '威'가 '위엄'으로 권위를 뜻하니 백성이 권위를 두려워하지 않는다는 뜻이고, '則大威至'는 '至'가 '이루다'이니 권위가 높이 선다는 뜻이다. '太上下知有之, 其次親而譽之'라는 말이 17장에서 나왔다. 최상의 군주는 백성들이 그가 있다는 것만 알고, 그다음 군주는 백성들이 그를 가까이 여기고 받든다는 뜻이다. '其次親而譽之'에서 '親'은 '가까이하다'이니 백성이 권위를 두려워하지 않는 것으로 '不畏威'이고, '譽'는 '기리다'이니 백성이 받들어 권위가 높이 서는 것으로 '大威至'이다. 그러므로 '民不畏威, 則大威至'는 군주의 권위는 백성들이 그를 가까이 여기고 받들어야 높이 선다는 뜻이다.

無狎其所居, 無厭其所生.
夫唯不厭, 是以不厭.

그들이 살아가는 곳을 소홀히 하지 말고

그들과 함께 사는 것을 싫어하지 마라.
싫어하지 않아야 그들도 싫어하지 않는다.

'無狎其所居'는 '狎'이 '소홀히 하다'이고 '居'는 '거주하다'이니 백성이
살아가는 곳을 소홀히 해서는 안 된다는 뜻이다. '無厭其所生'은 '厭'이
'싫어하다'이고 '生'이 '살다'이니 백성들과 함께 사는 것을 싫어해서는
안 된다는 뜻이다.

'夫唯不厭, 是以不厭'은 '是'가 '不厭'을 가리키니 군주가 백성들과 함
께 사는 것을 싫어하지 않으면 백성들도 군주를 싫어하지 않고 받든다
는 뜻이다.

是以聖人自知不自見, 自愛不自貴.
故去彼取此.

이에 성인은 지혜가 있어도 드러내지 않고
아끼는 것이 있어도 귀하게 여기지 않는다.
그러므로 나타내지 않고 가슴속에 지닌다.

'自知不自見'에서 첫 번째 '自'는 '자기'이고, '知'는 '지혜'이며, 두 번째
'自'는 '스스로'이다. 따라서 자기의 지혜를 스스로 드러내지 않고 無爲
로 백성을 다스린다는 뜻이다. '自愛不自貴'는 자기가 아끼는 것을 스

老子를 만나라

스로 귀하게 여기지 않고 모두를 공평하게 대한다는 뜻이다.

'去彼取此'에서 '彼'는 '自見'과 '自貴'를 가리키고, '此'는 '自知'와 '自愛'를 가리킨다. 그러므로 자기의 마음을 밖으로 나타내지 않고 가슴속에 지닌다는 뜻이다. 성인은 도를 따르며 無爲로 살아가기 때문에 그렇게 하는 것이다.

第七十三章

용감하면 무언가를 죽일 수 있고
용감하지 못하면 살릴 수가 있다.
이 둘은 이롭기도 해롭기도 하다.
하늘은 싫어하는 것이 있으니
어느 누가 그 까닭을 알겠는가?
성인조차도 자세히는 알지 못한다.
하늘의 도는 다툼 없이 잘 이루고
말을 하지 않아도 잘 들어주며
찾지 않아도 저절로 찾아들고
느슨한 것 같아도 빈틈이 없다.
하늘의 그물은 너무 넓은 듯하지만
그 어느 것 하나라도 놓치지 않는다.

勇於敢則殺, 勇於不敢則活. 此兩者, 或利或害. 天之所惡, 孰
知其故? 是以聖人猶難之. 天之道, 不爭而善勝, 不言而善應,
不召而自來, 繟然而善謀. 天網恢恢, 疏而不失.

勇於敢則殺, 勇於不敢則活.
此兩者, 或利或害.

용감하면 무언가를 죽일 수 있고
용감하지 못하면 살릴 수가 있다.
이 둘은 이롭기도 해롭기도 하다.

'勇於敢則殺'은 '敢'이 '감행하다'이고 '殺'은 '죽이다'이니 용감하면 무언가를 죽일 수 있다는 뜻이고, '勇於不敢則活'은 '活'이 '살리다'이니 용감하지 못하면 살릴 수 있다는 뜻이다. 여기서 죽이고 살리는 것은 사람의 짓이고, 죽고 사는 것은 천지가 낳은 살아 있는 것들이다.

'此兩者'는 '殺'과 '活'을 가리키니 죽이는 것과 살리는 것이고, '或利或害'는 '或'이 '어떤 경우'이니 어떤 때는 이롭고 어떤 때는 해롭다는 뜻이다.

天之所惡, 孰知其故?
是以聖人猶難之.

하늘은 싫어하는 것이 있으니
어느 누가 그 까닭을 알겠는가?

성인조차도 자세히는 알지 못한다.

'天之所惡, 孰知其故'에서 '天之所惡'는 하늘이 싫어하는 것이고, '孰知其故'는 '其'가 '天之所惡'를 가리키고 '故'는 '까닭'이니 누가 하늘이 싫어하는 까닭을 알겠느냐는 말이다. 따라서 사람이 하는 일 중에 하늘이 싫어하는 것이 있지만 그 이유를 알 수 없다는 뜻이다.

'聖人猶難之'에서 '猶'는 '오히려'이고, '難'은 '어려워하다'이며, '之'는 하늘이 싫어하는 까닭이다. 그러므로 비록 성인이라 할지라도 하늘이 싫어하는 까닭이 무엇인지 자세히 알지 못한다는 뜻이다.

天之道, 不爭而善勝, 不言而善應, 不召而自來, 繟然而善謀.
天網恢恢, 疏而不失.

하늘의 도는 다툼 없이 잘 이루고
말을 하지 않아도 잘 들어주며
찾지 않아도 저절로 찾아들고
느슨한 것 같아도 빈틈이 없다.
하늘의 그물은 너무 넓은 듯하지만
그 어느 것 하나라도 놓치지 않는다.

'不爭而善勝'은 '勝'이 '이기다'로 이룬다는 뜻이니 다투지 않고 無爲

老子를 만나러

로 쉽게 이룬다는 뜻이다. '不言而善應'에서 '不言'은 사람이 말을 하지 않는 것이고, '善應'은 '應'이 '응하다'이니 하늘이 잘 들어준다는 뜻이다. '不召而自來'에서 '不召'는 '召'가 '부르다'이니 사람이 도를 찾지 않는다는 뜻이고, '自來'는 도가 저절로 찾아든다는 뜻이다. '繟然而善謀'는 '繟'이 '느슨하다'이고 '謀'는 '살피다'이니 느슨한 것 같아도 모든 일을 잘 살핀다는 뜻이다.

'天網恢恢'에서 '天網'은 '網'이 '그물'이니 하늘의 그물로 도를 뜻하고, '恢恢'는 '恢'가 '넓다'이니 넓고 큰 모양이다. '疏而不失'에서 '疏'는 '성기다'이고, '失'은 '잃다'이다. 그러므로 '天網恢恢, 疏而不失'은 하늘의 그물은 한없이 크고 그 사이가 너무나도 넓지만 아무것도 빠뜨리지 않는다는 뜻이다.

第七十四章

백성들이 죽는 것을 두려워하지 않으면
어찌 죽이는 것으로 그들을 두렵게 하겠는가?
백성들이 늘 죽음을 두려워하도록 해 놓고
나쁜 짓을 한 자를 잡아서 죽일 수 있다고 한들
어느 누가 감히 나서서 하려고 하겠는가?
죽이는 일은 언제나 누군가가 맡고 있으나
사람들이 그 누군가를 대신하여 죽이니
이는 뛰어난 목수를 대신해 나무를 다듬는 것이다.
뛰어난 목수를 대신해 나무를 다듬는 사람들은
거의가 자기의 손에 스스로 상처를 입히고 만다.

民不畏死, 奈何以死懼之? 若使民常畏死, 而爲奇者, 吾
得執而殺之, 孰敢? 常有司殺者殺, 夫代司殺者殺, 是謂代
大匠斲. 夫代大匠斲者, 希有不傷其手矣.

老子를 만나라

民不畏死, 奈何以死懼之?
若使民常畏死, 而爲奇者, 吾得執而殺之, 孰敢?

백성들이 죽는 것을 두려워하지 않으면
어찌 죽이는 것으로 그들을 두렵게 하겠는가?
백성들이 늘 죽음을 두려워하도록 해 놓고
나쁜 짓을 한 자를 잡아서 죽일 수 있다고 한들
어느 누가 감히 나서서 하려고 하겠는가?

'民不畏死'는 백성들이 군주의 폭정에 시달리다 못해 죽음마저 두려워하지 않는다는 뜻이고, '奈何以死懼之'는 '懼'가 '두려워하다'이고 '之'는 백성을 가리키니 죽이는 것으로 백성들을 두렵게 하지 못한다는 뜻이다.

'若使民常畏死, 而爲奇者'에서 '使民常畏死'는 백성들이 언제나 죽음을 두려워하도록 만든다는 뜻이고, '爲奇者'는 '奇'가 '거짓'이니 나쁜 짓을 한 사람이다. '吾得執而殺之, 孰敢'에서 '吾得執而殺之'는 '吾'가 '우리'이고 '之'는 '爲奇者'를 가리키니 우리가 나쁜 짓을 한 사람을 잡아서 죽일 수 있다는 뜻이고, '孰敢'은 누가 감히 하겠느냐는 말이니 아무도 죽이는 일을 하려고 나서지 않는다는 뜻이다.

常有司殺者殺, 夫代司殺者殺, 是謂代大匠斲.
夫代大匠斲者, 希有不傷其手矣.

죽이는 일은 언제나 누군가가 맡고 있으나
사람들이 그 누군가를 대신하여 죽이니
이는 뛰어난 목수를 대신해 나무를 다듬는 것이다.
뛰어난 목수를 대신해 나무를 다듬는 사람들은
거의가 자기의 손에 스스로 상처를 입히고 만다.

'常有司殺者殺'에서 '司'는 '맡다'이고, 첫 번째 '殺'은 죽이는 일이며, 두 번째 '殺'은 '죽이다'이다. 따라서 죽이는 일은 언제나 누군가가 맡아서 한다는 뜻이다. 여기서 누군가는 하늘이고 하늘은 곧 도이다. '夫代司殺者殺'은 '代'가 '대신하다'이니 죽이는 일을 맡은 하늘을 대신해 사람이 죽인다는 뜻이다. '是謂代大匠斲'에서 '大匠'은 '匠'이 목수이니 뛰어난 목수이고, '斲'은 '깎다'이니 나무를 다듬는다는 뜻이다.

'夫代大匠斲者, 希有不傷其手矣'는 뛰어난 목수를 대신해 나무를 다듬는 사람 중에서 자기 손에 상처를 입히지 않는 사람이 드물다는 뜻이다. 그러므로 백성을 마음대로 죽이면 자신도 해를 입을 수 있으니 백성의 생명을 소중히 하라는 가르침이다.

　　　　　　　　　　　　　　　老子를 만나라

第七十五章

백성들이 굶주림에 시달리는 것은
윗사람이 녹을 많이 받기 때문이다.
그리하여 굶주림에 시달린다.
백성들을 다스리기 어려운 것은
윗사람이 하려는 것이 있기 때문이다.
그리하여 다스리기 어렵다.
백성들이 죽음을 가벼이 여기는 것은
그들이 더 잘 살기를 바라기 때문이다.
그리하여 죽음을 가벼이 여긴다.
뭔가를 하려고 애쓰지 않고 사는 것이
삶을 소중하게 여기는 것보다 더 낫다.

民之饑, 以其上食稅之多, 是以饑. 民之難治, 以其上之
有爲, 是以難治. 民之輕死, 以其求生之厚, 是以輕死. 夫
唯無以生爲者, 是賢於貴生.

民之饑, 以其上食稅之多, 是以饑.

백성들이 굶주림에 시달리는 것은
윗사람이 녹을 많이 받기 때문이다.
그리하여 굶주림에 시달린다.

'民之饑'에서 '饑'는 '주리다'이니 제대로 먹지 못하고 굶주린다는 뜻이다. '以其上食稅之多'에서 '其上'은 '其'가 '民'을 가리키니 백성들의 윗사람으로 관리이고, '食'은 '녹을 받다'이며, '稅之多'는 세금의 많은 부분이다. '是以饑'에서 '是'는 '其上食稅之多'를 가리킨다. 따라서 백성들이 굶주림에 시달리는 것은 윗사람인 관리들이 많은 녹을 받기 위해 세금을 너무 많이 거두어들이기 때문이라는 뜻이다.

民之難治, 以其上之有爲, 是以難治.

백성들을 다스리기 어려운 것은
윗사람이 하려는 것이 있기 때문이다.
그리하여 다스리기 어렵다.

老子를 만나라

‘民之難治’에서 ‘難治’는 다스리기 어렵다는 뜻이고, ‘以其上之有爲’에서 ‘有爲’는 뭔가를 하려고 애쓴다는 뜻이며, ‘是以難治’에서 ‘是’는 ‘其上之有爲’를 가리킨다. 그러므로 윗사람이 無爲로 다스리지 않고 뭔가를 하려고 애쓰기 때문에 백성들이 잘 다스려지지 않는다는 뜻이다. ‘爲無爲, 則無不治’라는 말이 3장에서 나왔다. 하지 않는 듯이 하면 다스려지지 않는 것이 없다는 뜻이다.

民之輕死, 以其求生之厚, 是以輕死.

백성들이 죽음을 가벼이 여기는 것은
그들이 더 잘 살기를 바라기 때문이다.
그리하여 죽음을 가벼이 여긴다.

‘民之輕死’에서 ‘輕死’는 죽음을 가볍게 여긴다는 뜻이고, ‘以其求生之厚’에서 ‘求生之厚’는 ‘厚’가 ‘두텁다’이니 더 잘 살기를 바란다는 뜻이며, ‘是以輕死’에서 ‘是’는 ‘其求生之厚’를 가리킨다. 그러므로 백성들이 더 잘 살기 위해 재물에 너무 집착한 나머지 생명의 소중함을 잃어버린다는 뜻이다.

夫唯無以生爲者, 是賢於貴生.

뭔가를 하려고 애쓰지 않고 사는 것이
삶을 소중하게 여기는 것보다 더 낫다.

'夫唯無以生爲者'에서 '生爲'는 '爲'가 '有爲'를 뜻하니 살면서 뭔가를 하려고 애쓴다는 뜻이다. 따라서 '無以生爲者'는 無爲로 살아가는 것이다. '是賢於貴生'에서 '是'는 '無以生爲者'를 가리키고, '賢'은 '낫다'이며, '貴生'은 삶을 소중히 여기는 것이다. 그러므로 無爲로 살아가는 것이 삶을 소중하게 여기는 것보다 더 낫다는 뜻이다.

老子를 만나라

第七十六章

사람이 태어날 땐 여리고 약하지만

죽음에 이르면 굳고 뻣뻣해진다.

초목도 태어날 땐 여리고 연하지만

죽음에 이르면 시들고 마른다.

따라서 굳고 뻣뻣하면 죽음의 무리이고

여리고 약하면 삶의 무리이다.

그러므로 병사가 강하면 이기지 못하고

나무가 강하면 부러지고 만다.

강하고 큰 것은 아래쪽에 머물고

부드럽고 약한 것은 위쪽에 자리한다.

人之生也柔弱, 其死也堅強. 萬物草木之生也柔脆, 其死
也枯槁. 故堅強者死之徒, 柔弱者生之徒. 是以兵強則不
勝, 木強則兵. 強大處下, 柔弱處上.

人之生也柔弱, 其死也堅强.
萬物草木之生也柔脆, 其死也枯槁.

사람이 태어날 땐 여리고 약하지만
죽음에 이르면 굳고 뻣뻣해진다.
초목도 태어날 땐 여리고 연하지만
죽음에 이르면 시들고 마른다.

'人之生也柔弱'에서 '人之生'은 사람이 태어날 때이고, '柔弱'은 '柔'가
'여리다'이니 몸이 여리고 약하다는 뜻이다. '其死也堅强'에서 '其死'는
'其'가 人을 가리키니 사람이 죽을 때이고, '堅强'은 '堅'이 '굳다'이고 '强'
은 '단단하다'이니 몸이 굳고 뻣뻣해진다는 뜻이다.

'萬物草木之生也柔脆'에서 '萬物草木'은 온갖 종류의 초목이고, '柔脆'
는 '脆'가 '연하다'이니 여리고 연하다는 뜻이다. '其死也枯槁'에서 '枯槁'
는 '枯'가 '시들다'이고 '槁'는 '마르다'이니 시들고 말라 생기가 없어진다
는 뜻이다.

故堅强者死之徒, 柔弱者生之徒.
是以兵强則不勝, 木强則兵.

老子를 만나라

따라서 굳고 뻣뻣하면 죽음의 무리이고
여리고 약하면 삶의 무리이다.
그러므로 병사가 강하면 이기지 못하고
나무가 강하면 부러지고 만다.

'堅强者死之徒'에서 '死之徒'는 '죽음의 무리'이니 죽은 것의 성질을
지닌 것들이고, '柔弱者生之徒'에서 '生之徒'는 '삶의 무리'이니 살아 있
는 것의 성질을 지닌 것들이다.

'是以兵强則不勝, 木强則兵'에서 첫 번째 '兵'은 병사이고, 두 번째 '兵'
은 '상하다'이다. 따라서 병사가 강하면 이기지 못하고 나무가 강하면
부러진다는 뜻이다. '柔弱勝剛强'이라는 말이 36장에서 나왔다. 부드
럽고 약한 것이 굳고 강한 것을 이긴다는 뜻이다.

强大處下, 柔弱處上.

강하고 큰 것은 아래쪽에 머물고
부드럽고 약한 것은 위쪽에 자리한다.

'强大處下, 柔弱處上'은 강하고 큰 것이 밑에 있고 부드럽고 약한 것
이 위에 있다는 뜻이니 대자연의 법칙을 말한 것이다. 만물은 강대한
것일수록 아래쪽에 있고 유약한 것일수록 위쪽에 있다. 그리하여 천지

는 오래도록 제 모습을 잃지 않고 안정된 상태를 유지할 수 있는 것이
다. 노자는 여기서 사람도 윗사람이 물처럼 부드럽고 약해야 세상이
편안하고 백성도 편안히 살아갈 수 있다고 가르친다.

老子를 만나라

第七十七章

하늘의 도는 활을 매는 것과 같은가?

높은 곳은 낮추고 낮은 곳은 높이고

남는 곳은 덜고 모자라는 곳은 더한다.

하늘의 도는 남는 것은 덜어 내고

모자라는 곳은 더하여 채워 주지만

사람의 도는 그렇지 아니하여

적은 곳에서 덜어 많은 곳에 바친다.

그 누가 남는 것을 덜어 내어

세상 사람들을 받들 수 있겠는가?

오직 도를 따르는 사람만이 할 수 있다.

이에 성인은 베풀어도 나타내지 않고

공을 이루어도 차지하지 않으며

자신의 뛰어남을 드러내려 하지도 않는다.

天之道, 其猶張弓與? 高者抑之, 下者擧之, 有餘者損之, 不足者補之. 天之道損有餘而補不足, 人之道則不然, 損不足以奉有餘. 孰能有餘以奉天下? 唯有道者. 是以聖人爲而不恃, 功成而不處, 其不欲見賢.

天之道, 其猶張弓與?
高者抑之, 下者擧之, 有餘者損之, 不足者補之.

하늘의 도는 활을 매는 것과 같은가?
높은 곳은 낮추고 낮은 곳은 높이고
남는 곳은 덜고 모자라는 곳은 더한다.

'天之道, 其猶張弓與'에서 '天之道'는 '道'가 '다스리다'이니 하늘이 하는 일이고, '張弓'은 '張'이 '매다'이니 활을 매는 것이며, '與'는 의문을 나타내는 어조사이다. 따라서 하늘이 하는 일은 활을 매는 것과 비슷하다는 뜻이다.

'高者抑之'에서 '高者'는 높은 곳이고, '抑'은 '누르다'이니 낮추는 것이며, '之'는 '高者'를 가리킨다. '下者擧之'는 '擧'가 '들다'이니 낮은 곳은 올려 준다는 뜻이고, '有餘者損之'는 '損'이 '덜다'이니 남는 곳은 덜어 낸다는 뜻이며, '不足者補之'는 '補'가 '보태다'이니 모자라는 곳은 보태 준다는 뜻이다.

天之道損有餘而補不足, 人之道則不然, 損不足以奉有餘.

老子를 만나라

하늘의 도는 남는 것은 덜어 내고
모자라는 곳은 더하여 채워 주지만
사람의 도는 그렇지 아니하여
적은 곳에서 덜어 많은 곳에 바친다.

'天之道損有餘而補不足'에서 '損有餘'는 남는 것을 덜어 내는 것이니 앞에서 나온 '有餘者損之'와 같은 뜻이고, '補不足'은 모자라는 곳에 더하는 것이니 '不足者補之'와 같은 뜻이다. '人之道則不然'은 '人之道'가 사람이 하는 일이니 사람은 그렇게 하지 않다는 뜻이고, '損不足以奉有餘'는 '奉'이 '바치다'이니 모자라는 곳에서 덜어 내어 남는 곳에 바친다는 뜻이다.

孰能有餘以奉天下? 唯有道者.
是以聖人爲而不恃, 功成而不處, 其不欲見賢.

그 누가 남는 것을 덜어 내어
세상 사람들을 받들 수 있겠는가?
오직 도를 따르는 사람만이 할 수 있다.
이에 성인은 베풀어도 나타내지 않고
공을 이루어도 차지하지 않으며
자신의 뛰어남을 드러내려 하지도 않는다.

‘孰能有餘以奉天下’에서 ‘奉’은 ‘받들다’이고 ‘天下’는 천하의 사람들이며, ‘唯有道者’에서 ‘有道者’는 도를 따르는 사람이다. 그러므로 도를 따르는 사람만이 하늘이 하듯이 남는 것을 덜어 내어 세상 사람들을 받들 수 있다는 뜻이다.

‘是以聖人爲而不恃’에서 ‘爲而不恃’는 베풀어도 나타내지 않는다는 뜻이고, ‘功成而不處’는 ‘處’가 ‘차지하다’이니 공을 이루어도 차지하지 않는다는 뜻이며, ‘其不欲見賢’은 ‘賢’이 ‘낫다’이니 남보다 뛰어난 것이 있어도 드러내려 하지 않는다는 뜻이다. 성인은 도를 따르는 사람이므로 도가 만물을 대하듯이 사람들을 그처럼 대하며 無爲로 살아가는 것이다.

老子를 만나라

第七十八章

천하에 물보다 부드럽고 약한 것이 없으나
굳세고 강한 것을 다스릴 때 나은 것이 없고
그 무엇으로도 그것을 대신할 수 없다.
약한 것이 강한 것을 이기고
부드러운 것이 단단한 것을 이기지만
세상 사람들은 알면서도 그처럼 하지 않는다.
그리하여 성인이 이르기를
나라의 궂은일은 사직의 주인이 맡아야 하고
어려운 일은 천하의 왕이 맡아야 한다고 했다.
올바른 말은 도리어 거꾸로 하는 것처럼 들린다.

天下莫柔弱於水, 而功堅強者莫之能勝, 以其無以易之.
弱之勝強, 柔之勝剛. 天下莫不知, 莫能行. 是以聖人云,
受國之垢, 是謂社稷主, 受國不祥, 是謂天下王. 正言若反.

天下莫柔弱於水, 而攻堅强者莫之能勝, 以其無以易之.

천하에 물보다 부드럽고 약한 것이 없으나
굳세고 강한 것을 다스릴 때 나은 것이 없고
그 무엇으로도 그것을 대신할 수 없다.

'天下莫柔弱於水'는 세상에 물보다 부드럽고 약한 것이 없다는 뜻이다. 노자는 만물 가운데 도와 가장 가까운 성질을 지닌 것으로 물을 꼽았다. '水善利萬物而不爭, 處衆人之所惡, 故幾於道'라는 말이 8장에서 나왔다. 물은 만물을 이롭게 할 뿐 다투지 않고 사람들이 싫어하는 곳에 머무니 도와 비슷하다는 뜻이다. 그는 그곳에서 '上善若水'라고 말하며 물처럼 약하고 부드럽게 살아가라고 가르친다.

'攻堅强者莫之能勝'에서 '攻'은 '다스리다'이고, '之'는 물을 가리키며, '勝'은 '이기다'이다. 따라서 굳세고 강한 것을 다스릴 때 물보다 나은 것이 없다는 뜻이다. '以其無以易之'에서 '易'은 '바꾸다'이니 대신한다는 뜻이고, '之'는 물을 가리킨다. 그러므로 그 무엇으로도 물을 대신할 수 없다는 뜻이다.

老子를 만나라

弱之勝強, 柔之勝剛.
天下莫不知, 莫能行.

약한 것이 강한 것을 이기고
부드러운 것이 단단한 것을 이기지만
세상 사람들은 알면서도 그처럼 하지 않는다.

‘弱之勝強, 柔之勝剛’에서 ‘弱’과 ‘柔’는 물의 성질로 도의 본질이기도 하다. 36장에서도 같은 뜻인 ‘柔弱勝剛強’이라는 말이 나왔다. ‘天下莫不知, 莫能行’은 세상 사람들이 약한 것이 강한 것을 이기고 부드러운 것이 단단한 것을 이긴다는 사실을 알면서도 그렇게 살아가지 않는다는 뜻이다.

是以聖人云, 受國之垢, 是謂社稷主, 受國不祥, 是謂天下王.
正言若反.

그리하여 성인이 이르기를
나라의 궂은일은 사직의 주인이 맡아야 하고
어려운 일은 천하의 왕이 맡아야 한다고 했다.
올바른 말은 도리어 거꾸로 하는 것처럼 들린다.

'受國之垢, 是謂社稷主'에서 '受'는 '받다'이니 맡는다는 뜻이고, '垢'는 '더럽다'이니 궂은일이며, '社稷'은 조정을 뜻한다. 따라서 조정의 주인인 임금이 나라의 궂은일을 맡아야 한다는 뜻이다. '受國不祥, 是謂天下王'은 '不祥'이 상서롭지 못한 일이니 천하의 왕인 천자가 온 나라의 어려운 일을 맡아야 한다는 뜻이다. 그러므로 궂은일과 어려운 일은 아랫사람에게 맡기지 말고 윗사람이 맡아서 물처럼 잘 다스려 나가야 한다는 성인의 가르침이다.

'正言若反'은 '反'이 '반대하다'이니 올바른 말은 거꾸로 하는 것 같다는 뜻이다.

老子를 만나라

第七十九章

큰 원한은 풀어도 반드시 남는다.
어찌 잘 풀었다고 할 수 있겠는가?
이에 성인은 좌계를 갖고 있어도
빨리 갚으라고 재촉하지 않는다.
덕이 있는 사람은 계로 거래하고
덕이 없는 사람은 현물을 받는다.
하늘의 도는 치우침이 없으나
착한 사람들과는 언제나 함께한다.

和大怨, 必有餘怨, 安可以爲善? 是以聖人執左契, 而不責於人. 有德司契, 無德司徹. 天道無親, 常與善人.

和大怨, 必有餘怨, 安可以爲善?
是以聖人執左契, 而不責於人.

큰 원한은 풀어도 반드시 남는다.
어찌 잘 풀었다고 할 수 있겠는가?
이에 성인은 좌계를 갖고 있어도
빨리 갚으라고 재촉하지 않는다.

'和大怨, 必有餘怨'은 '和'가 '화해하다'이고 '怨'은 '원한'이니 큰 원한은 풀어도 반드시 남는 원한이 있다는 뜻이다. '安可以爲善'은 '安'이 '어찌'이고 '善'은 '좋다'이니 어찌 잘되었다고 할 수 있겠느냐는 말이다.

'是以聖人執左契'에서 '契'는 외상으로 거래할 때 쓰던 어음과 같은 것으로 채권자와 채무자가 반으로 나누어 각각 左契와 右契를 간직했다. '而不責於人'은 '責'이 '재촉하다'이고, '人'은 右契를 가진 채무자를 가리키니 채무자에게 갚으라고 재촉하지 않는다는 뜻이다.

有德司契, 無德司徹.
天道無親, 常與善人.

老子를 만나라

덕이 있는 사람은 계로 거래하고
덕이 없는 사람은 현물을 받는다.
하늘의 도는 치우침이 없으나
착한 사람들과는 언제나 함께한다.

'有德司契'에서 '司契'는 '司'가 '맡다'이니 契로 물품을 거래한다는 뜻이고, '無德司徹'에서 '司徹'은 '徹'이 '통하다'이니 곧바로 사용할 수 있는 현물로 거래한다는 뜻이다.

'天道無親, 常與善人'에서 '無親'은 '親'이 '친하다'이니 치우치지 않는다는 뜻이고, '與善人'은 '與'가 '함께하다'이니 착한 사람과 함께한다는 뜻이다. 하늘은 만물을 치우침 없이 대하지만 착한 사람들은 도를 따르므로 언제나 함께하는 것이다.

第八十章

나라는 작게 하고 백성은 적게 해야 한다.

사람들이 기물이 넘쳐도 쓰지 않게 하고

목숨을 아껴 멀리 옮겨 가지 않게 해야 한다.

비록 배와 수레가 있어도 타지 않고

갑옷과 병기가 있어도 쓸 일이 없을 것이다.

사람들이 다시 줄을 묶어 셈하도록 하고

음식은 맛있게 옷은 아름답게

집안은 편안하게 풍속은 즐겁게 해야 한다.

이웃 나라와 서로 바라다보이고

닭 울음과 개 짖는 소리가 서로 들려도

백성들은 늙어 죽을 때까지 오가지 않을 것이다.

小國寡民. 使有什佰之器而不用, 使民重死而不遠徙. 雖有舟輿, 無所乘之, 雖有甲兵, 無所陳之. 使人復結繩而用之, 甘其食, 美其服, 安其居, 樂其俗. 隣國相望, 鷄犬之聲相聞, 民至老死不相往來.

　　　　　　　　　　　　　老子를 만나라

小國寡民.
使有什佰之器而不用, 使民重死而不遠徙.

나라는 작게 하고 백성은 적게 해야 한다.
사람들이 기물이 넘쳐도 쓰지 않게 하고
목숨을 아껴 멀리 옮겨 가지 않게 해야 한다.

'小國寡民'은 나라의 크기를 작게 하고 백성의 수를 적게 하는 것이다. 그러므로 먼 옛날 땅이 작고 백성이 적은 평화로운 나라를 만들어야 한다는 뜻이다.

'使有什佰之器而不用'은 '使'가 '시키다'이고 '什佰'은 많은 수를 뜻하니 백성들이 온갖 기물을 가지고 있어도 쓸 일이 없게 해야 한다는 뜻이다. '使民重死而不遠徙'는 '死'가 '죽음'이고 '徙'는 '이사하다'이니 백성들이 목숨을 소중히 여겨 나라가 보살펴 줄 수 있는 곳에서 벗어나지 못하도록 해야 한다는 뜻이다.

雖有舟輿, 無所乘之, 雖有甲兵, 無所陳之.

비록 배와 수레가 있어도 타지 않고
갑옷과 병기가 있어도 쓸 일이 없을 것이다.

'雖有舟輿, 無所乘之'는 '舟輿'가 배와 수레이고 '之'가 舟輿를 가리키
니 배와 수레가 있어도 나라의 땅이 작으므로 탈 일이 없다는 뜻이다.
'雖有甲兵, 無所陳之'에서 '甲兵'은 갑옷과 병기이고, '陳'은 '늘어놓다'이
며, '之'는 '甲兵'을 가리킨다. 따라서 갑옷과 병기가 있을지라도 나라가
평화롭기 때문에 쓸 일이 없다는 뜻이다.

使人復結繩而用之, 甘其食, 美其服, 安其居, 樂其俗.

사람들이 다시 줄을 묶어 셈하도록 하고
음식은 맛있게 옷은 아름답게
집안은 편안하게 풍속은 즐겁게 해야 한다.

'使人復結繩而用之'에서 '結繩'은 먼 옛날 글자가 없던 시절 줄을 묶
어 셈하던 것을 말하고, '之'는 結繩을 가리킨다. 그러므로 백성들이 셈
을 할 때 다시 줄을 묶어 쓰게 하라는 뜻이다. '甘其食'은 음식을 맛있
게 먹을 수 있도록 하라는 뜻이고, '美其服'은 옷을 아름답게 입을 수
있도록 하라는 뜻이다. '安其居'는 집안을 편안하게 느끼도록 하라는
뜻이고, '樂其俗'은 풍속을 즐겁게 여기도록 하라는 뜻이다.

　　　　　　　　　　　　　　　老子를 만나라

隣國相望, 鷄犬之聲相聞, 民至老死不相往來.

이웃 나라와 서로 바라다보이고
닭 울음과 개 짖는 소리가 서로 들려도
백성들은 늙어 죽을 때까지 오가지 않을 것이다.

'隣國相望'은 '隣'이 '이웃하다'이고 '望'은 '바라보다'이니 이웃 나라와
서로 바라본다는 뜻이고, '鷄犬之聲相聞'은 닭과 개의 소리를 서로 들
을 수 있다는 뜻이다. '民至老死不相往來'는 '老死'가 늙어 죽는 것이고
'往來'는 가고 오는 것이니 백성들이 삶이 편안해 늙어 죽을 때까지 서
로 오가지 않는다는 뜻이다.

第八十一章

믿어야 할 말은 거슬리는 곳이 있고
거슬리지 않는 말은 믿을 수가 없다.
정직한 사람은 말을 잘하지 못하고
말을 잘하는 사람은 정직하지 못하다.
지혜로운 사람은 많이 알지 못하고
많이 아는 사람은 지혜롭지 못하다.
성인은 모으지 않고 남을 위하지만
자신은 더욱 많은 것을 가지게 되고
남에게 주어도 점점 더 넉넉해진다.
하늘의 도는 이롭게 할 뿐 해롭지 않고
성인의 도는 베풂이 있어도 다툼이 없다.

信言不美, 美言不信. 善者不辯, 辯者不善. 知者不博, 博
者不知. 聖人不積, 旣以爲人己愈有, 旣以與人己愈多. 天
之道, 利而不害, 聖人之道, 爲而不爭.

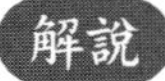

信言不美, 美言不信.
善者不辯, 辯者不善.
知者不博, 博者不知.

믿어야 할 말은 거슬리는 곳이 있고
거슬리지 않는 말은 믿을 수가 없다.
정직한 사람은 말을 잘하지 못하고
말을 잘하는 사람은 정직하지 못하다.
지혜로운 사람은 많이 알지 못하고
많이 아는 사람은 지혜롭지 못하다.

'信言不美'에서 '信言'은 믿을 수 있는 말이고, '不美'는 '美'가 '아름답
다'이니 아름답지 못해 귀에 거슬린다는 뜻이다. '美言不信'에서 '美言'
은 귀에 거슬리지 않는 말이고, '不信'은 믿어서는 안 된다는 뜻이다.

'善者不辯, 辯者不善'에서 '善'은 '착하다'이니 정직하다는 뜻이고, '辯'
은 '말을 잘하다'이다. '知者不博, 博者不知'에서 '知'는 '지혜'이니 지혜
롭다는 뜻이고, '博'은 '넓다'이니 많이 안다는 뜻이다.

聖人不積, 旣以爲人己愈有, 旣以與人己愈多.
天之道, 利而不害, 聖人之道, 爲而不爭.

성인은 모으지 않고 남을 위하지만
자신은 더욱 많은 것을 가지게 되고
남에게 주어도 점점 더 넉넉해진다.
하늘의 도는 이롭게 할 뿐 해롭지 않고
성인의 도는 베풂이 있어도 다툼이 없다.

'聖人不積'은 '積'이 '쌓다'이니 성인은 재물을 모으지 않는다는 뜻이다. '旣以爲人己愈有'는 '爲'가 '위하다'이고 '愈'는 '더욱'이니 가진 것을 남을 위해 써도 자신은 더욱더 가지게 된다는 뜻이다. '旣以與人己愈多'에서 '與'는 '주다'이고, '多'는 '많아지다'이다.

'天之道, 利而不害'에서 '天之道'는 하늘이 하는 일이고, '利'는 '이롭게 하다'이며, '不害'는 '害'가 '해치다'이니 해치지 않다는 뜻이다. '聖人之道, 爲而不爭'에서 '聖人之道'는 성인이 하는 일이고, '爲'는 '위하다'이니 베푼다는 뜻이며, '不爭'은 '爭'이 '다투다'이니 다투지 않는다는 뜻이다.

老子를 만나라

도덕경을 나서며

다가가면 멀어지고 돌아서면 다가오는

너는 나에게 그러한 것이다.

우연히 너를 만나 함께한 긴긴 세월

애써 모른 체하면 넌 옆에 있고

잡으려 하면 이미 먼 곳에 있다.

너이고자 하면 내가 없다.

나이고자 하면 네가 없다.

너는 누구냐?

있음은 무엇이고 없음은 무엇이냐?

있고자 하면 없고

없고자 하면 있구나.

내가 있음이고 네가 없음이냐?

네가 있음이고 내가 없음이냐?

너와 나 모두 있음이냐?

아니면 모두 없음이냐?

도대체 무엇이냐?

老子를 만나라

너는 말한다.

있음이 없음이고 없음이 있음이다.

있음은 없음이 되고 없음은 있음이 된다.

있음에는 없음이 있고 없음에는 있음이 있다.

있음과 없음을 나누지 마라.

없음에 있음을 더하지도 마라.

있음에서 없음을 덜지도 마라.

그냥 그대로 두어라.

그래, 나 언젠가는 돌아가리라.

있음도 없음도 없는 곳으로

시작도 끝도 없는 곳으로

그리하여 너마저 없는 곳으로.

그곳에는 하늘이 없어도 좋다.

땅이 없어도 좋다.

꽃이 없어도 나비가 없어도

아름다운 여자가 없어도 좋다.

나는 그곳에서 홀로 술을 마시며 노래하리라.

아무 말도 하지 마라.

아무 짓도 하지 마라.

가지도 서지도 마라.

하늘이 시키면 하늘이 시키는 대로

땅이 시키면 땅이 시키는 대로

여자가 시키면 여자가 시키는 대로

그리고 술이 시키면 술이 시키는 대로 하라.